图解儿童逆反心理

准确解读孩子的逆反行为，化解他心中的小小反抗。
翻开本书，你能理解孩子，孩子就能理解你。

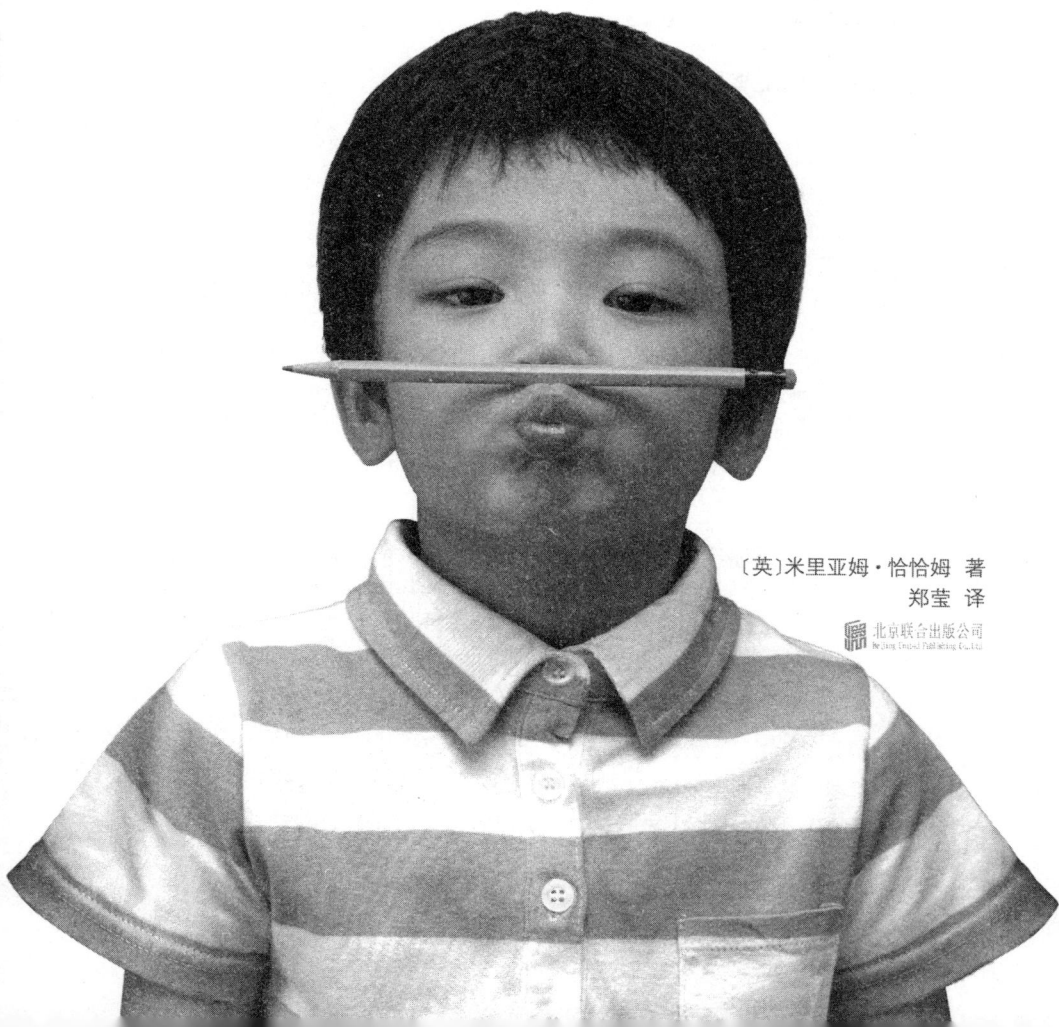

〔英〕米里亚姆·恰恰姆　著
郑莹　译

北京联合出版公司
Bei Jing United Publishing Co.,Ltd

图书在版编目（ＣＩＰ）数据

图解儿童逆反心理 /（英）恰恰姆著；郑莹译. —
北京：北京联合出版公司，2016.5
ISBN 978-7-5502-7672-7

Ⅰ.①图… Ⅱ.①恰… ②郑… Ⅲ.①儿童教育—家
庭教育—图集 Ⅳ.①G78

中国版本图书馆CIP数据核字(2016)第091922号

HOW TO CALM A CHALLENGING CHILD:
INSPIRED SOLUTIONS TO DEFUSE PROBLEMS
by
MIRIAM CHACHAMU
Copyright:© 2008 BY MIRIAM CHACHAMU
This edition arranged with FOULSHAM PUBLISHING
through Big Apple Agency, Inc., Labuan, Malaysia.
Simplified Chinese edition copyright:
2016 Shanghai DOOK Publishing Co., Ltd
All rights reserved.

著作版权合同登记号：01-2016-2027

图解儿童逆反心理

作者：[英]米里亚姆·恰恰姆

译者：郑莹

选题策划：读客文化　021-33608311

责任编辑：徐秀琴

特邀编辑：吴亚雯　李爽

责任校对：绳刚　曹振民

封面设计：杨贵妮

版式设计：陈宇婕

北京联合出版公司出版

（北京市西城区德外大街83号楼9层　100088）

北京海石通印刷有限公司印刷　新华书店经销

2016年5月第1版　2018年6月第13次印刷

字数131千字　　680毫米×990毫米　1/16　12.5印张

ISBN 978-7-5502-7672-7

定价：24.90元

如有印刷、装订质量问题，
请致电010-87681002（免费更换，邮寄到付）

目 录

前 言
像孩子刚出生时那样对待他

相信每位家长都会说孩子有时会很让人抓狂。别人家的孩子好像都能乖乖上床睡觉、不挑食、把东西主动归位，而你的孩子却动不动就发脾气，老是跟你对着干。随着孩子慢慢长大，曾经一点点进步也能让你欢呼雀跃，让你无比幸福地自言自语："我是世界上最伟大的母亲！"而如今，你的耐心却被消磨得所剩无几，常会百般无奈地说："你怎么一点都不听话！"

养孩子是人生中最深刻的经历。无论你看过多少书，做了多少准备工作，孩子一出生，你就会发现，这些准备工作根本派不上用场。突然之间，一个弱小、无助的婴儿要完全依赖你，你以后的兴趣、爱好、想法都跟这个小东西维系在了一起。

随着孩子慢慢长大，他们的需求也越来越复杂多样。他们需要你的爱、关心、关注、时间、精力，以及你的耐心、知识与智慧，他们还需要你提供一些实际帮助，像帮他们穿衣服、提醒他们刷牙、给他们做饭、为他们辅导作业，等等——总之，你要像超人一样在他们需要时立马出现。

要有效化解亲子矛盾，满足每个家人的需求，我们不能仅仅依靠爱心与耐心，还应该充分了解孩子的心理，掌握一些实用技巧。

这本书不是万金油，我也从未以一位样样精通的专家自诩。但是我曾经成功解决了很多家庭问题，同时自己也是3个孩子的母亲，本书中的建议与技巧也使不少家长更好地与孩子沟通，减少了争吵、减轻了压力。我也真诚希望本书能给你带来这些改变。

本书专为3～9岁孩子的家长量身定做。但其实对于青少年、成年人来说，书中大部分内容都同样适用。因此，无论你有没有小孩，你都能从这本书中受到启发。

针对生活中的典型问题，第2章为你提供了解决办法，这也是家长们最关注的部分。当然，如果你的孩子按时早起、健康饮食、与他人关系融洽，即使有人质疑你的教育方法，你也应该坚持自我，因为育儿并没有标准答案，只要全家快乐、相互鼓励，那么你就是成功的！

怎样使用书中的方法？

遇到新方法时，大部分人的第一反应就是抵触。我们不断思考"万一这种方式不适合我的话怎么办""万一它突然失灵怎办",或者担心它是否符合我们的价值观。这是人类对新鲜事物的普遍的、自然的反应,是人类在早期进化过程中形成的得以保障自身安全的自然机能。

我们不能违背这些自然反应,但为了最有效地使用书中的方法,我建议你以另一种心态来阅读这本书。在阅读过程中,如果对书里的方法产生了疑问,你可以先问自己这几个问题:

- 除了这些疑问部分,这个新方法有其他值得一试的地方吗?
- 能否将这个方法做出一些改变以适用于我的家庭呢?
- 参照书中的例子,我该怎样创造一个符合我性格的说话方式呢?

阅读过程中,如果你不时思考这三个问题,你一定会受到很大启发。

本书章节顺序都是精心设置的,我建议你依照先后顺序阅读,读了第1章,你就会发现第2章的实用技巧更有意义。当然,**我更建议你先浏览一遍书中的图片,对本书有个大概的了解。**这样,阅读效果会更好。

这是一本工具书,而不是藏书。我希望你随意写上自己的点评,用笔标记出你喜欢或者觉得有疑问的地方,然后与家人讨论。

当然,单单改变自己的思维方式是远远不够的。如果你希望改善孩子的行为,请务必将这些育儿技巧应用到实际生活当中。只有这样,方法才能奏效。

万事开头难,所以,刚开始遇到困难时,不要失望,要相信付出就有回报。很多家庭都是这么过来的,我也从他们那里获取了很多宝贵经验,你将会在书中读到他们的故事(人物均为化名)。

要改掉旧习惯也不容易,更何况,在改变的过程中,你可能会不自觉地用了以前的错方法。尽管改变并不如你想象的那么快，但一定不要对自己太苛刻，你应该不断地给自己加油打气，同时要认可自己取得的每一点进步。

那么，书中的方法能为你带来哪些改变呢？

- **更了解孩子的心理和想法。**这是改善家庭关系、营造和睦氛围的第一步。

- **提高你的沟通技巧。**这有利于你用恰当的方式激励孩子成为一个快乐、自信、可靠、有礼貌的人。

- **掌握解决问题的办法。**伴随孩子成长而出现的种种问题考验着我们的心智与毅力，本书的方法会让你的家庭生活多一些合作与欢笑，少一些压力和泪水。

那么，这些改变需要多长时间呢？

大多数人在用过书中的技巧后，都会在短时间内发现自己的孩子有了明显进步。其中有些方法对一些家庭立刻见效，也有一些家庭过了较长时间之后才能发现变化。但**请你坚持一个月使用这些方法**。一个月看似很漫长，在人的一生中其实很短暂。而且一旦你开始看到成效时，你肯定不会走回头路，而是会一直保持下去，一直朝着正确的方向不断前进！

第1章

孩子与家庭

每个孩子自出生时，性情都不相同。有的比较随和，他们乖乖睡觉、按时吃饭，健康又快乐。如果一个孩子乖巧懂事，通常是因为外界给他了一种积极健康的循环模式。

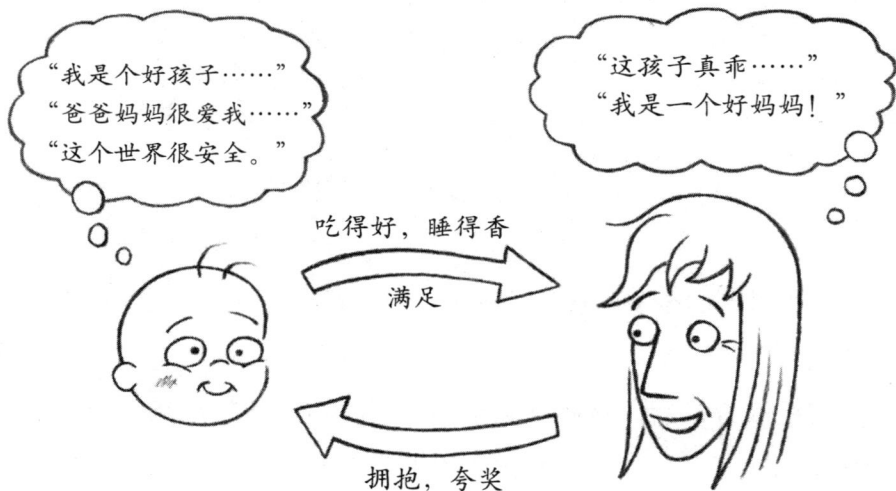

"我是个好孩子……"
"爸爸妈妈很爱我……"
"这个世界很安全。"

"这孩子真乖……"
"我是一个好妈妈！"

吃得好，睡得香

满足

拥抱，夸奖

听话的小孩笑对世界，世界也对他报以笑容。

有的小孩脾气暴躁，对周围环境高度敏感，而且看似精力无限。我认为**这些孩子是"精力过剩"**①而不是难以管教。他们通常都

---

① "精力过剩的小孩"（spirited children）一词由玛丽·西蒂·科辛卡创造。该词将"好动、敏感、易被他人情绪感染或易胡思乱想"的小孩都定义为是"精力过剩"。

很活泼，对外界充满好奇心。每当这些孩子心情好的时候，别人就乐于与他们相处。但总的来说，相比那些听话的小孩，活泼好动的孩子的需求更为复杂，因此他们的家长在抚养过程中面临的挑战也更大。

如果你家有一个精力过剩的小孩，那他在成长初期一定是下面这个消极有害的循环模式。

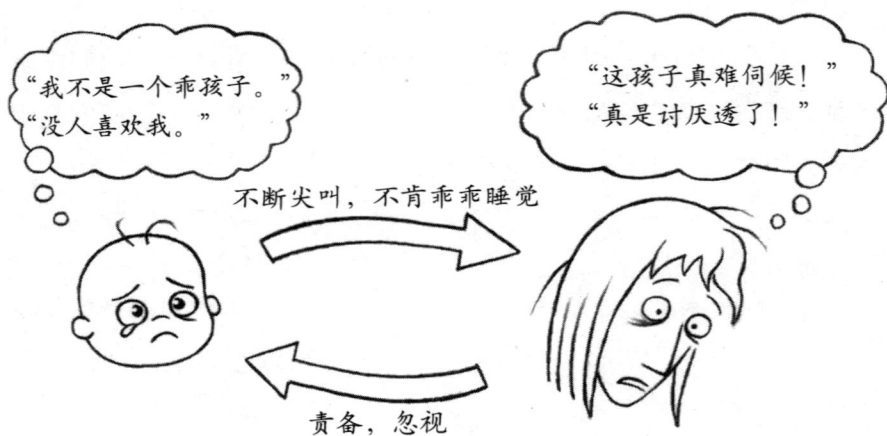

"我不是一个乖孩子。"
"没人喜欢我。"

"这孩子真难伺候！"
"真是讨厌透了！"

不断尖叫，不肯乖乖睡觉

责备，忽视

精力过剩的孩子一直生活得很辛苦，而他周围的人又何尝不是如此呢？

接受教育以后，这两种类型的孩子生活经历将截然不同。那些懂事的孩子，他们容易得到正面的肯定与关注，也感觉到自己被人呵护着。而调皮捣蛋的孩子则常受到责备，耳边总是有"不许""住手"之类的话，或者被家长打骂，从而自信心严重下降。

如果你的孩子总闯祸，你自己也会越来越容易发脾气。不仅你会气得想把他们扔掉，包括我在内的很多家长都时有同感。不管孩子听不听话，做家长的都很吃力。如果你的孩子恰恰是那种精力过剩的类型，那就更麻烦了！

但这并不意味着你是个失败者或者不称职，因为这仅仅代表养育孩子已经对你形成了挑战。如果你想要妥善应对，你就要更加了解孩子的心理，掌握科学的沟通技巧。

孩子不听话、黏人、没自信，经常被家长认为是他成长过程中的一个阶段，是会随着时间而渐渐消失的。这种想法在一定程度上是没错。但如果孩子的这种不良性格一直没有明显改善，那你就要改进自己的教育方式了。否则，你和你的家庭都会承受很多不必要的压力。记住：**孩子犯错，是教育的最佳时机**！

读完本书后，你会发现自己对孩子的逆反心理有了更深刻的理解，你也更能发现孩子的优点，你们的生活也会更轻松、更快乐。

1 怎样满足全家每个人的需求？

　　地球上的所有生物，无论是植物还是动物，都有基本需求。一旦这些需求无法满足，动植物就不能茁壮成长，大人、小孩也同样如此！了解了这一点，你才有可能成为一名称职的家长。我们都很清楚我们需要食物、住所、温暖、睡眠等等，但如果情感需求没有得到满足，人依旧无法健康生存，会产生焦虑感、无法处理问题，甚至可能出现一些精神上或者身体上的疾病。

　　人类最重要的情感需求可以分为以下几类：

- 对安全的需求——人身感到安全，不受外界恐惧的影响；
- 自我控制欲的满足——一定程度上能够安排自己的生活；
- 对关注的需求——给予或得到应有的关注；
- 对人际关系的需求——与朋友、恋人等保持情感上的联系；
- 与外界沟通的需求——一种社会归属感；
- 对成就与地位的需求——在大多数情况下觉得自己很优秀，并得到家庭、同事或者朋友的认可；
- 隐私权的满足——有属于自己的私人空间；
- 对放松与休息的需求——将每天的忧虑放在一边，做一些自己喜欢的事；
- 生活意义与目标的满足——拓展自己的能力，帮助他人或者不断超越自我。

我们都会通过一种或多种方法去满足自己的情感需求——有人梦想成为出类拔萃的学者，也有人可能将成为领袖设定为自己的人生目标。作为家长，我们希望以符合我们价值观的方式去满足孩子的需求，希望孩子成为对社会有用的人。

心理学家德罗茜·露将人类情感需求看作是人类自我保护、自我意识的一种需求。她认为，**人类最大的恐惧是被疏远，只有当我们感到安全，对生活能有所掌控，能够给予或者得到正面的关注，被他人尊敬并产生成就感的时候，才会产生强烈的自我满足感，从而不断成长。**

自由与爱，是孩子健康、快乐的源泉

孩子的需求如果得不到满足，他们就会直接表达出来，比如哭闹、尖叫、发脾气或者闷闷不乐。其实，孩子表面的言行与他们内心的真正需求有很大差别。

孩子通过自我感知来学习、了解世界：他们一有机会就用手摸摸这儿摸摸那儿，还在狭小的空间内爬来爬去……此外，他们还会模仿大人，问我们许多"为什么"，然后尽力去理解我们的回答。他们需要一些时间去自由探索、玩耍。所以，**在家长相对宽松的监督下，让孩子每天都能拥有自己的时间，并为他们营造一个安全的环境供其玩耍、想象，使其在不断的反复试错中得到学习，对孩子的健康成长是非常有益的。**

孩子的精神健康与早期照顾他们的大人（通常是母亲）有很大关系：如果大人能满足孩子生理与心理上的需求，那孩子就能信任周围的人，并认为这个世界很安全，从而养成健康、乐观的性格。

在婴幼儿阶段，孩子就开始培养自我意识，这主要依靠周围人的帮助。当感受到他人的关爱与尊重时，孩子便产生一种满足感；取得一些成就时，他们就会认为自己很能干，从而更加自信。

而且，孩子从小就可以从生活的一点一滴中判断自己是否聪明、漂亮、强壮，是否受欢迎，是否有艺术细胞，是否有创造力，等等。同时他们也会对周围的世界做出自己的判断，例如，一个小女孩可能认为自己的家长更疼爱姐姐，从而觉得自己不够好。这种判断虽然不一定完全正确，但对小女孩来说，事实就是如此。长大后，孩子会对自己、对生活下意识地做出类似孩童时期的判断，这些判断不知不觉地影响着他们的成年生活。因此，某种程度上来说，即使他们已经变得漂亮或者已经取得了很大的成功，他们仍会一直认为自己做得不够好。

在幼儿时期，对儿童影响最大的是家长和孩子的兄弟姐妹。不管孩子学到的东西与你的期望是否相符，他们都在不断地学习。他们眼中的自己与世界有时会与你的想法有些出入。因此，如果你能更深入地了解孩子的想法，同时在教育方面融入一些实用技巧，你就能更好地培养孩子良好的自我意识和积极的生活态度。

从行为了解孩子的心理

每个人对事物的反应都不相同，对客观事实也有各自的见解。因此，我们在判断自我需求是否得到满足时，依据的不仅是客观情况，更多的是自己的见解。

比方说，尽管有些人在经济上已经很富裕了，但他们仍会抱怨钱不够花。从这一点上就能看出，钱的多少并不能决定一个人的富有或贫穷,重要的是他们自己对金钱需求的多少。同样数额的金钱,有些人会感到满足,有些人则不会,因为他们对金钱的观念各不相同。

再比如,一群朋友聊天,有人讲了个笑话,有些人听了觉得好笑,而有些人却觉得很无趣甚至很反感。这都是见仁见智的,因为意义随着各人的理解而有了新的诠释。在某种程度上,听了笑话却觉得不好笑的人实际上是因为自我需求没有得到满足,比如受尊重的需求或者融入集体的需求等。

没有两个完全相同的人,所以我们看待同一种事物的方式也不尽相同。

小孩子也同样如此:一样的考试成绩,有人会觉得很高兴,有人则会失望透顶。这是由于孩子对考试成绩的理解决定了他们的成就感是否得到满足。

满足孩子的控制欲

当孩子们觉得自己的需求得到满足时，他们便会很高兴；反之，他们就会生气或者失望。这与孩子对事物的理解方式有关。了解了这一点，家长就能轻松应对孩子成长过程中出现的种种问题。

拿控制欲打个比方：爸爸让孩子系鞋带，随和的小孩可能做个鬼脸就答应了，甚至很高兴爸爸允许自己独立做事。在这种情况下，绑不绑鞋带在这些孩子看来并不是一种强迫行为。而有些小孩子可能认为这种要求是一种强迫，因此他们会拒绝家长的要求或者大发脾气，最终让全家人闷闷不乐。

孩子与大人一样，除非是自愿，否则是不可能兴高采烈地按照你的意思去做的。他们需要动力，而最能激发动力的方式就是把你的期望与孩子的需求联系起来。孩子对你的想法、期望并不感兴趣，他们只关注自己的需求。

你可以向孩子证明，只要他与你合作，你就会满足他的需求。孩子最强烈的愿望就是得到你的认可——他希望在你眼里，自己是一个不可替代的、非常优秀的孩子。你对孩子的努力大加赞赏，这会激发他去做更多对的事情。久而久之，孩子就表现得越来越好。

从孩子的角度看问题

我们与孩子的感知方式不同，所以要想避免争吵，我们应站在孩子的角度去看问题，而非想当然地以我们的方式去满足他们的需求。

一个例子是：你让孩子和一个他不太熟悉的人待在一起，即使这个环境明明很安全，他也还会感到害怕。所以，安全的环境并不一定会给孩子安全感。有时孩子还会误解我们的好意。在与孩子交流的过程中，我们会给他们灌输一些正确的观点，但有时会被他们误解为责备。当孩子产生这种想法的时候，他们就会不满，并将家长的措辞视为一种对自我意识的威胁，而作为家长的我们却往往对孩子莫名其妙地发脾气感到不可理喻。事实上，**我们之所以不明白孩子为什么不高兴，是由于我们只知道自己是出于好心，而没有注意到自己的表达方式对孩子的心理影响。**

有些家长有快乐的童年，所以他们也想按当时的方式让自己的孩子过个快乐的童年；而那些童年充满艰辛的家长更是下定决心要让孩子过上好生活。因此，有的家长将自己的喜好强加给孩子，而忽略了孩子自身的兴趣；有的家长小时候家里条件不好，所以现在就努力工作，赚钱给孩子买大把大把的东西。孩子只要有一点不高兴，这些家长就会倍感失望。例如，小露西只希望爸爸能多陪陪自己，但爸爸却总是拼命工作，买一些露西并不在乎的礼物给她。

所以，即使我们自认为很爱孩子，并且也为孩子付出了很多心血，但他们可能并没有感受到。在孩子眼里，我们给的爱并不是他们要的爱。当我们为他们准备精致的菜肴时，孩子只吃了几口就不吃了，因为他们只想简简单单吃完饭后，多点时间与我们在一起；当我们帮他们整理房间时，孩子反而发脾气，只因为不喜欢我们弄乱他们的东西。

大人与小孩看待问题的方式差距太大时，生活就会变得非常难。我们感到疲惫，感到孩子的需求就像个无底洞，无论我们怎么做都无济于事。同时孩子觉得自己的需求得不到满足，从而觉得家长不够疼爱自己。我们觉得孩子不懂事，孩子则觉得我们不懂他。

教育孩子时，你一定要忘掉自己的童年经历，站在孩子的角度看问题。

关注你自身的需求

家长也是人，也有自己的需求。很多家长，特别是妈妈，往往将孩子放在第一位，而忽视自己的需求。确实，家长应给孩子提供无微不至的关怀。但是，如果家长长期忽视自己的需求，那么，包括孩子在内，每个家庭成员都将变得疲惫不堪。

如果没有好好照顾自己，你可能会紧张、急躁、失望、不满，一点小事就能让你大为光火。渐渐地，你会发现周围的人不再喜欢和你待在一起，你甚至发现你自己也不能给孩子做好表率！

阅读第4页的情感需求分类，对你当前的需求满足情况进行评分——1代表"最糟"，7代表"最好"。如果你哪项需求小于或等于3分，那你应该想想解决方法了。通常，大部分低分项目都是因为没有足够的时间去休息、去与他人相处或是去学习新东西等。

你可以与朋友、家人讨论一下这个问题，想想有没有可行的措施：有没有人愿意帮你照看孩子一段时间，好让你进行短暂的休息？家人、邻居或朋友可以帮上忙吗？其他人能帮到忙吗？请人帮忙并不说明你自私，因为你同样也可以给对方以帮助。大多数人都乐于助人，小孩子也可以从他人的照料中受益——他们可以结识更多的人，并获得更多乐趣。

大多数家长，特别是妈妈们，也可以通过qq群、妈妈论坛的方式从网上寻求帮助。这种方法最大的好处就是你可以听听其他妈妈的意见，不用出门就可以与他们联系。

如果你认为自己已经患上了焦虑症或者抑郁症等，你可以参考这方面的书目，也可以咨询医生。

一个疲惫不堪的人是个易燃物，是不可能成为一名称职的家长的。所以，你要用你喜欢的方式给自己补充能量！

关注你的夫妻关系

如果你是和配偶共同抚养孩子，你也需要思考自己是否在夫妻关系上投入了足够的时间。孩子不在身边的时候，你们两人也能一起重温一下快乐的时光，这样，你就会对孩子更有耐心。夫妻相处并不需要多么昂贵或复杂的准备，一起去公园散散步或者一起喝杯饮料，就能使你们之间的关系更美好、更牢固。

孩子可以从父母的身上了解到什么是夫妻。你教给孩子的一点就是，夫妻与父母是有所区别的——因为你们跟孩子一样，也有朋友、兴趣、爱好等。

如果你是一个人抚养孩子，那你也可以找个保姆或者让孩子去同龄小朋友家过夜，不过前提是你和对方家长是好朋友。这样，你的孩子可以从中得到历练，他不仅会热爱自己的家庭，也会更懂得怎么与人交往。当然，你也能轻松几天。

2 为什么孩子有逆反心理？

　　让孩子学会配合家长的要求是很多人最大的愿望。我们经常这样说："要是孩子听我的话就好了！要是我说一遍他就听就谢天谢地了！"其实，当孩子学会团结协作之后，"谢天谢地"的不仅仅是家长，还有孩子。每个孩子都希望能讨人喜欢，那为什么他们不愿意听话呢？一种可能就是家长的方法前后不一致（这一点我们将在下一节中加以讨论），此外，还有三个不可忽视的原因。

原因1：满足需求的方法不恰当

　　不管孩子多气人，其实往往都只是为了满足他自己的需求而已。如果他调皮捣蛋了，那肯定是发生了不愉快的事。切记，**孩子闹脾气并不只与眼前的事情有关，更有可能是与孩子对将要发生事情的担心有关。**

　　以下是儿童满足自我需求的两个负面例子。

"我肚子好饿啊！"

"我不能吃亏！"

通常，面对孩子的无理取闹时，我们的第一反应不是思考他的真实需求，而是觉得他很烦，并责备、恐吓他，或者滔滔不绝地讲一些孩子听了无数遍的道理。

尽管这些都是很自然、善意的反应，却是解决问题的最大障碍。被人批评时，我们通常会为自己辩护，小孩子也一样，他们感到外界存在威胁，所以才会反击。也就是说，**孩子的无理取闹仅仅是他们在用不恰当的方式来满足自我需求**。如果你能明白这一点，那么局面一定可以缓和下来，从而更方便你教他们用合适的方式表达自己的需求。

原因2：日常习惯存在冲突

父母与小孩的日常习惯不同，这就容易引发日常冲突。我们的任务就是要引导他们养成正确的日常习惯。

孩子不是一出生就会用筷子，就会说"请""谢谢"，就会喜欢做作业。他们的天性就是想到什么就做什么，这通常会给我们带来无穷的困扰。但孩子最终要融入到社会中，因此他们必须学会恰当的言行举止。为什么可以舔冰激凌却不能舔三明治呢？为什么偏要穿上衣服才能出门呢？为什么早起后要叠被子，不叠的话等睡觉时直接钻进去不是更好吗？我们觉得理所当然的事，孩子不一定觉得理所当然。因为这不符合他们的天性，不管你的理由多么有说服性。

与随和一些的孩子相比，通常精力过剩的小孩的控制欲更强，他们也更喜欢按自己的思路去做事。当我们教孩子服从大人的要求时，冲突就会发生。而这往往会被认为是由于孩子叛逆或者不听话造成的，其实这只是因为大人与小孩的日常习惯、日常思维不一样而已。

原因3：过多关注了孩子的错误行为

当一切事情都进展顺利时，我们通常会忽视孩子。这无可厚非，因为我们每天都有做不完的事。

谢天谢地，宝宝终于安静了。我可以好好煮……

出现问题时，我们立刻就跑了过去……

危机反应是一种本能反应——这是我们保护孩子并教会他们各种行为规范的方式——当然，我不是建议你对孩子的哭闹置之不问。然而，如果我们每天都对这些无聊、不快的事情反应太快，结果只会让孩子知道喊叫、哭泣可以立刻吸引大人的注意力。受到关注是人类的一项基本需求，因此孩子会通过各种方法来达到目的。我们的反应越快速，孩子越明白，芝麻绿豆大点儿的事都可以通过哭喊来解决。

你关注什么，什么就会增多。**如果你把注意力都放在问题本身，那你会发现更多的问题。但如果你坚信会有解决的办法，你就会发现事情很容易、生活很美好。**因为一点小事就反应过度，其实是在剥夺孩子的动手能力，因为这在告诉他们，没有你的帮助，他们就无法独立处理问题。因此，**减少对错误行为的过度关注，或者在孩子受到挫折时采用更为委婉的回应**，都会更有用。同时，你要更多地关注孩子的正确行为，这样有利于孩子保持下去。

完全忽视错误行为也不是一个好方法，因为孩子在做坏事的过程中可以尝到很多乐趣。忽略孩子不好的行为并不能使其改正。聪明的家长会**尽可能地预见这些情况，第一时间防止这些行为的发生，并帮助孩子在错误中汲取教训。**

避免与孩子争吵

孩子一不听话，我们就容易跟他急，争吵就会发生，但天下没有哪个家长吵得赢孩子。争吵的双方其实都是失败者，即使家长说得很有道理，并且孩子也最终让步了——但很少有孩子能这样做——孩子依然可能觉得自己受到了伤害或者侮辱。如果孩子在争吵中落败，他们会自我怀疑，觉得自己不够好，并担心父母不再爱自己了，从而经常暗地里想方设法进行报复。这就是你想要的胜利么？我敢肯定不是。以牺牲孩子（或者其他人）的自信心与亲情关系作为代价，这种胜利没什么意义。

同样，孩子也不会赢得胜利——父母不得已做出让步，孩子也只能获得一时的成就感。孩子占了上风，这不仅让大人感到可怕，同时也不利于孩子的健康发展。另外，孩子不得不面对一个失落的家长，这个家长可能一段时间内都会讨厌、冷落自己的孩子。从长远来看，孩子的胜利也没有任何好处。因此，聪明家长会尽量避免跟孩子吵架。

有时候，我们感觉自己就像生活在一把狭长的梯子上，胜利者站在最顶端，而失败者都在最底端。每个人都费尽心机想要爬到梯子的顶端，好证明自己的正确和别人的错误。

在梯子上生活肯定不好受，没有人可以停下来休息，因为大家都把全部时间和精力放在了竞争上。如果我们想要生活得更快乐，那最好将这把"定胜负"的梯子扔掉，思考如何解决眼前的问题，这样，每个人都能感到自己受到了应有的尊重

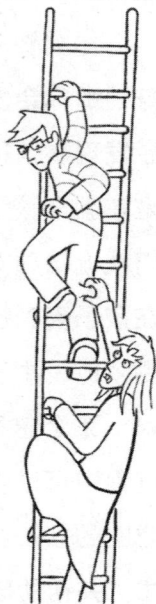

和重视。

通常我们内心并不想吵架——但我们稍不注意就会陷进吵架的漩涡。当我们想纠正孩子的错误时，吵架便开始发生。为了孩子好，我们就说了他们几句，但事情便一发不可收拾。

怎样巧妙地纠正孩子的错误？

很多家长都认为，一旦孩子在行为上出现问题，就需要及时指正他们，这样他们才不会再犯错。但孩子并不这么认为，他们觉得自己被批评了，从而产生挫败感，并进一步怀疑自己。随后他们不是对家长施行冷战就是通过反驳来为自己辩护。一段新的家庭戏剧又拉开了帷幕。看看下图的例子。

有些小孩在面对家长的指正时，反应不会这么强烈。他们可能乖乖地把错误改正过来然后就该干吗干吗去了。但他们潜意识里可能会想，"我怎么又错了"或者"我真笨，连字都写不对"，甚至"无论怎么努力，我都做不好"。活泼好动的孩子从小就一直受到家长的批评，所以他们往往更敏感，也往往会因为家长的一点指责就反应强烈。

很多家长现在都意识到应该尽量避免批评孩子的性格，而是批评孩子的具体行为，像上图一样，父亲给儿子指出拼写错误。告诉孩子出错的地方的确比批评他们懒惰、愚蠢、不听话要强得多。但是**孩子可能会把这种指正误认为是全盘否定**。我们大人尚且不喜欢听到任何有关自己的负面评价，心灵脆弱、尚未成熟的孩子听到批评后会怎么想呢？

批评通常会伤害孩子的自尊心或者与你的关系。所以，你应该在提高他们自信心的前提下纠正他们的错误。如果你希望孩子乐意待在你身边听你说教，你就要说一些孩子喜欢听的话。

你也许会想，怎样做才能既不指出孩子的错误又能让他们学到知识呢？你可以使用描述性赞扬（详见下一章第1节），它是一种建设性的方法，能使你在维护孩子自尊的同时，纠正孩子的错误。（请见第40页的图示）

对孩子的进步要有足够耐心

教孩子学会与你合作是一个漫长、困难的过程。孩子需要学会遵守一些非本能的行为，至少在刚开始时是这样。让孩子把衣服挂在衣钩上，让他等你把电话打完，或者要孩子放下手头的玩具跟着你回家，这对他来说都不是天生就会的事情，他需要花时间来学习。

家长最大的挑战在于，在尊重孩子的同时，怎样友好地实现相互协作。如果你的孩子活泼好动，要实现这一点会困难一些，因为这些孩子性格冲动，不轻易听父母的话。现实中并没有魔法棒，所以只能循序渐进。

如果你觉得这个过程太漫长，那你就需要冷静下来，仔细想一下自己所取得的进步。不论进步是大是小，哪怕只是很小、很细微的一点，你都应该感到高兴，因为你一直在前进。不过，也要时刻牢记自己的目标，因为这些长期目标对提高家长的育儿技巧有很大作用。

3 | 大人意见统一，孩子就能很听话

下面这个场景是否似曾相识？很多家庭都会出现这样的情况：小男孩想吃零食，但妈妈却在忙着自己的事情。

这个小男孩是不会放弃的，不能从妈妈那儿得到自己想要的饼干，他就去找爸爸。你可能不喜欢孩子这样做，但这是孩子的天性。

为什么爸爸会屈服呢？可能他太专注于自己的工作，没有意识到已经快要吃晚饭了，也可能是因为受不了孩子的纠缠。结果，妈妈肯定会不高兴，两个大人便开始吵架。

小男孩并不希望家长吵架，他只是想得到自己想要的东西而已。两位家长对孩子的要求有不同的反应才是问题的根源。

大人缺乏交流，常导致家庭不和

家长之所以这样吵架，通常是因为他们总按自己的意愿去处理事情，而往往忘记了要相互合作。很多家庭中，通常一方家长会扮演积极、有趣的老好人，而另一方则扮演严厉的规则制定者。扮演老好人的一方态度越柔和，另一方就会觉得自己需要再严格点，"否则孩子还不反了天了"。一旦严格的一方进一步规范孩子的行为，另一方就会越加反抗："他只是个孩子，应该有一个快乐的童年！到处都是没完没了的规定、规定，一点意思都没有！"

在授课的过程中，我发现，父母都倾向于挑选更加适合自己的育儿技巧：唱红脸的一方喜欢保持积极的态度，并觉得孩子的需求与情感其实很容易理解，而唱白脸的一方则感觉应该严格遵守规定。就这样，每个人被局限在自己的角色之中，双方变得越来越极端，越来越讨厌对方。那怎么改善这种局面呢？答案就是换位思考——我们都该学学不太常用的方法。

当孩子的行为引起大人争吵时，其实每个人都是失败者。大人发脾气、互相责备对方，其实，他们的潜意识里已经认定孩子是争吵的导火线，并在默默埋怨孩子挑起事端。小孩子看到家长吵架，也会对自己的行为感到懊恼。更严重的是，家里其他孩子也纷纷埋怨这个小孩，怪他不但自己解决不了问题，还导致家人吵架。

一团糟

家长吵架，直接影响孩子的自我认同感

众所周知，家长发生冲突会对孩子造成不良影响，但并非所有人都能说出其原因与影响的深度。

孩子天生就知道自己是你们"生"的——可以说父母各占

50%。当你批评你的伴侣时，在某种程度上，会让孩子觉得自己身体的一半正在受到另一半的责骂，孩子的自我认同感会因此受损。

除此之外，你的孩子还可能会感到困惑："我一半来自爸爸，但妈妈刚刚说爸爸是个没用的家伙，那么妈妈还会爱我吗？"或者"我一半来自妈妈，如果爸爸觉得妈妈不可理喻，那他还会爱我吗？我爱爸爸也爱妈妈，但是妈妈不喜欢爸爸，所以我是不是也不能喜欢爸爸呢？"

你可能会想——"等等，我们只是闹了点小矛盾而已！谁说我们感情不好的，这都哪儿跟哪儿啊？"你或许认为偶尔的争吵并不意味着夫妻关系的结束，但孩子可不这样想，而且，即使孩子明白爸爸妈妈没多久就会和好，但父母的争吵对他的影响还是很大。

孩子看到父母吵架，就会害怕他们离婚。他担心会失去其中的一方。任何坏事情发生，孩子都认为是自己的错，并自责不已。这种想法很不好，因为孩子的基本需求之一——安全感受到了侵犯，这会在其他方面对孩子产生负面影响。他可能会在学校打架、斗殴或者不合群，他自己也不明白为什么会这样，家长也可能不会将这与之前的吵架联系起来——毕竟，他们已经和好，而且早就忘了这件事。

所以请记住，**当家长经常在孩子面前吵架或者互相指责对方时，受害的都是孩子。**

人无完人，家长可能无法完全避免在孩子面前吵架或者责备对方，但我们至少可以**当着孩子的面和好如初**，把对孩子的伤害降到最低，同时也可以来个拥抱消除孩子的忧虑。

统一育儿方法

相亲相爱并且对抚养孩子有相同见解的家长，对提升孩子的安全感与幸福感起着重要作用。这不仅适用于亲生父母，也同样适用于继父母、祖父母或其他家庭成员、朋友与教师等。

下图中的两位家长是这个家庭的管理团队，他们一起管理孩子与家庭生活，他们是家庭成员，同时也是管理人员。（如果你是一位单亲家长，管理团队就剩下你一个人或者你的亲人，例如你的妈妈或者你的兄弟姐妹。）

如果你希望拥有一个成功的管理团队，那你们就需要团结合作、互相谦让。每个人的谦让程度会有所差异，但只要肯做出改变，就已经迈出了成功的第一步。

如果小孩很顽皮，那家长们就需要在孩子不在身边的时候，找个时间坐下聊聊应该怎么做。在孩子睡着后挑一个舒适的地方，边喝红酒或者边品茶，一起聊聊天，何乐而不为呢？

以下四个聊天要点有助于你和另一半的谈话：

1.选择积极话题作为开场白（1分钟左右），认可对方在抚育孩子方面所取得的成效。

2.客观描述待解决的问题，并确认对方对这件事有所了解。（1至2分钟）

3.换位思考讨论问题（3至6分钟）——孩子的举动是为了达到什么目的？怎样才能让孩子听从你们的要求与想法？

4.讨论你们认为可行的办法（10分钟）。本书第2章将就这一点为你提供大量的实用技巧，具体请参照第116页的表格。然后，将你们定下的计划写下来，边实践边修正。

要完成这些讨论并不容易，但如果你长话短说，把重点放在需求与解决办法上，而非问题本身上，你会发现解决问题的效率很高。家长统一战线是保持家庭关系健康、平稳发展的一剂良药。

单亲家长怎样温暖孩子的心灵？

有些家长由于离婚或丧偶而与配偶分开了，也或者配偶长期出差在外，无法一起教育孩子。但如果家长双方都与孩子生活在同一座城市，而且与孩子联系紧密，那你们就需要建立一个育儿管理团队。如果夫妻双方是和平分手，而且关系仍然不错，那么实施起来就比较容易；如果双方是不欢而散，那么就有一点点麻烦。

在分离的伤痛还未痊愈、情绪仍然处于波动状态时，你很难抛却前嫌，集中心思讨论孩子的教育问题。然而，这却必不可少。孩子需要父母双方的爱，你与前任伴侣之间的任何冲突都会在他们心里产生碰撞。而且，孩子还要小心翼翼妥善应对两边家长，以免再次引起争端。久而久之，单亲家庭的孩子便会认为自己的父母已经不再相爱，自己也不能像以前一样能随时找到父母。这对每个孩子来说都很痛苦。

调查表明，孩子可以从父母的离婚中恢复过来，如果父母可以把孩子内心的逆反情绪降到最低点，那孩子恢复得更快。如果你与前任配偶的关系不好，你就需要与他（她）建立一种商务式的合作关系——你们之间的商务就是要尽自己最大的能力，将孩子抚养成人。

你与前任配偶对孩子的需求可能抱有不同的看法，这很自然，因为分居的双方不可能达到同居时的一致性。

然而，父母必须牢记：相比日常生活习惯的培养，**孩子更需要父母相互尊重、相互沟通，而不是讲对方的坏话**。如果你们不能坐下来好好谈谈，不如试试发送邮件或者短信，先将其他问题放在一边，把重心放在孩子身上。千万不要把孩子当传话筒，因为这在无形之中会给他们施加更多压力。

如果你不知道前任伴侣是否愿意参与到你的商务式育儿团队中，你可以积极采取措施，使对方乐意配合你。如果家长双方在教育中存在分歧，无论你们是否一起生活，你们都可以采用第2章中的建议。如果你觉得自己没法心平气和地与自己的前任伴侣沟通，我建议你寻求一些专业帮助。

对方不配合你，怎么办?

如果另一方家长不愿配合你，你首先要弄清楚这是为什么——其实你们都是爱孩子的，也知道只有一起合作才是最重要的。

根据我与其他家长合作的经验，如果一方家长不愿意参与到团队中，一般有两个原因。其中最典型的原因就是一方家长觉得自己总受到另一方的批评，通常都是女方抱怨男方。男方的做事方法稍有不当就会受到责备，例如拿错外套给孩子，忘记提醒孩子洗头，叫没营养的外卖给孩子当午饭而不是精心准备营养午餐，或者又不小心开了一罐果汁给孩子。女人希望男人能够准确、无误地按她的方式做事，但男人不会，或者说他们不愿意会。

对于同一个问题，往往都是仁者见仁。当女人告诉男人"我想跟你聊聊天"时，男人通常听到的都是女人的怨言——毫无疑问，他肯定不想待在那儿；当女人向男人解释为什么要依照她的方式处理事情时，男人通常会觉得自己受到控制或者得不到应有的信任——出于本能反应，他就会跟你唱反调。很多男人发现，无论他多努力，要取悦一个女人比登天还难。

另一半不想参与到团队管理中的第二个常见原因是，他觉得之前达成一致的策略没法贯彻其中。你们可能约定孩子在晚上七点之后不能吃糖或不能看电视，但你们中的一个人总是妥协或者忘记这些规定。结果另一方觉得自己不被尊重，而向孩子妥协的家长也会觉得自己能力不足，从而对"一直正确"的一方感到愧疚或不满。

让另一半与你同舟共济的秘诀在于，理解对方并改变你的态度。如果你希望他成为团队中的一员，你就该尽量避免去批评他，特别是当着孩子的面。多想想解决的办法而不是就已有的问题争执不休。询问对方的建议——他的建议跟你的看法一样重要。**提出看法时，你要用建议的口气而不是命令的口气；即使你不太赞同对方的看法，你也要认可对方的努力。**如果你不小心犯错了，你也要尽力坚持你们所达成的协议，并坦然接受这个失误。

如果你觉得不论多么努力，你们的育儿方法都无法达成一致，那我鼓励你们一起阅读本书。书里的建议可以帮你们理清思路，有助于你们双方达成共识。育儿过程中，最重要的一点就是敞开心扉，与伴侣进行有针对性的讨论。

随着孩子逐渐成长，你的责任也随之改变——教孩子掌握必备的人生技巧，以便他们今后能够自行满足自己的需求。要完成这项任务可以说是步履维艰——一方面，你希望孩子理解你对他的爱，并且明白，不论他做了什么，身为家长的你依然无条件地爱他；另一方面，你还必须教育孩子严格按照正确的文化观与价值观行事。

要想游刃有余，你就要根据孩子的年龄、言行，进行有针对性的教育和引导！

第2章

掌握科学、高效的育儿技巧，轻松消除孩子的逆反心理

通过第1章的学习，你已经开始明白孩子为什么有逆反心理了。这有助于你培养并保持良好的亲子关系，调动孩子的积极性。

接下来，你将进入第2章的学习。本章为你提供以下技巧：

- 改善孩子的行为，增强孩子的自尊心；
- 与孩子发生冲突时，巧妙将孩子的逆反心理降到最低；
- 缓解情绪——包括家长与孩子的情绪；
- 事先定好规矩，孩子更容易遵守；
- 巧妙使用后果，让孩子自觉去做正确的事；
- 教孩子从错误中汲取教训；
- 减少你的干预，才能更快平息孩子们的战争；
- 与孩子做游戏时，灵活教给孩子输赢观。

假如孩子有个情感账户，那你所用的全部技巧——积极的沟通，与孩子一起享受欢乐时光，帮助孩子控制情绪，避免批评、责备孩子——都是在为这个账户存钱。当孩子的情感账户处于健康状态，他就会感到安全与快乐。家长任何时候都可以为孩子的情感账户增添一些储蓄。

而吼叫、批评孩子或者对孩子的需求缺乏关注则是对账户本金的一些耗损。

"情感账户"

表扬，拥抱　　　　　　吼叫，批评

如果孩子的账户已经填满，而你刚好又不高兴，对孩子大叫了一声，那孩子的账户基本没变。但如果在账户几乎清空的情况下发生这种事，那孩子的账户就会出现透支——你的孩子会觉得自己很可怜，需要更多的时间才能再像以前那样爱你。

同时，你也需要一个属于自己的情感账户，你也要关注自己的情感，否则，账户透支的你就没法更好地去爱孩子。

在学习新方法时，我们很容易会期望过高。你可能幻想孩子事事顺从，你也不用再大吼大叫——也就是一切完美！

然而，这是不可能的。不是每个困难都能顺利克服的。因此，即使你用过了新方法，孩子偶尔还是会像以前那样不听话、惹你生气，你也没必要烦恼、内疚，因为这很正常。你要一直放松心态，保持微笑，只要你下定决心，就会得到很大回报！

1 表扬：夸奖要具体、可信，
孩子才能牢记正确的做法

夸奖对孩子的成长非常重要。很多家长反映说："我也试过夸奖孩子，但并没有多大用啊！"

这是为什么呢？读完本节，你将知道什么才是正确的表扬方法，以及你应该如何表扬孩子正确的行为及如何纠正孩子的错误。

你的表扬真的有用吗？

大人通常都会用"好孩子！""你真棒！""你是一个聪明的女孩！"这类话来表扬孩子。表扬肯定比批评好得多，但一直以来，这些表扬（也称作"评价性赞扬"，因为它只对孩子本身或者他们的行为做出判断）对增强孩子的自信心并不是特别有效，而且对孩子行为的改善也起不到促进作用。

原因通常是这样的：

- 当女儿在画画时，你会边看边高兴地说："你画得太棒了，你真有天赋！"这看似是无可争议的客观事实，但其实，你只是表达了个人观点而已。孩子自己也有判断能力，并不一定认同你的观点。如果你的女儿发现周围朋友的绘画能力都比自己强，她就不会认为自己画得有多好。她或许会认为你这样夸她完全是因为你是她妈妈，是因为你爱她，而并非她确实画得很好。对孩子来说，能感受到你的爱与肯定是一件好事，但同时你却没有说真心话，从而错失了帮助孩子提升自信心的机会。

- 当你说"好孩子"或"你很棒"之类的话时，孩子不一定觉得这是表扬，因为里面所含的信息量很少。**让孩子知道自己受到表扬的具体原因非常重要，这样他们才可以不断坚持这些良好的言行。**

- **当你表扬孩子聪明、有天赋时，他们可能会认为自己所取得的成绩不是努力的成果而是由于自己的聪明才智，这让他们觉得任何事都不需要努力。**我们都知道聪明的孩子往往拈轻怕重，因为在孩子看来，完成一项困难的任务所承担的风险更大，可能会暴露自己已经不再聪明，所以他们通常都会选择放弃。

什么是描述性赞扬？

描述性赞扬不同于评价性赞扬——它需要你**用具体的言语描述你欣赏孩子的哪一点**。要想使用这项技巧，你需要积极发现孩子优秀的一面，即使他们不能尽善尽美，你也要把事实描述出来。如果你说的是事实，孩子会发现很难去反驳你或者与你争论，甚至会非常同意你说的话。当然，你也可以表达自己的看法，但不应该隐瞒事实。描述性赞扬所涉及的内容应该是人人可见的事实（"你回家的路上都是自己背书包！"）或者你的所思所感（"我真的很喜欢你用土豆做的怪物！"）这些事实谁会辩驳呢？

听到家长的描述性赞扬，多数孩子都会被激励，从而乐意去做更多类似的事情。他们觉得自己长大了并得到了认可与尊重，自信心也会随之增强。如果孩子偶尔表现出一副不喜欢你赞扬他的模样，你可以参看第37页的建议。

下面第一幅图中，小男孩觉得自己受到重视；第二幅图中，他则更加喜欢自己以及妈妈，如果妈妈能够在朋友或亲戚面前夸奖孩子，小男孩知道后，一定会更加自觉地把盘子放到洗碗柜里。为了得到更多的关注与肯定，他可能继续正确地用刀叉吃饭。妈妈同时也可以通过使用不同的赞美语言继续强化这些正确的行为。

你会用刀叉吃饭了，像个小大人一样哦！

你还记得把盘子放在洗碗柜里，妈妈真为你感到骄傲哦！

　　孩子不一定一直记得这些正确的做法，所以你要时常提醒他们。你可以继续用描述性赞扬来鼓励孩子，例如"我只是提醒了你几次，你现在就已经会将盘子好好地放到洗碗柜里面了。明天你还会表现得这么好，是吗？"**对孩子说这些话的时候，注意不要带有**

丝毫的讽刺——让孩子养成这些新习惯可能需要较长时间，不断的提醒对他们来说很有必要。

小小的进步也值得表扬

不要吝啬你的描述性赞扬，不要非等到孩子做出一番大事时才表扬他，因为即使是优秀的孩子也很少有机会取得重大的成就。所以，只要他有所进步，你都应该适当地给予描述性赞扬，来激发孩子更加完善、充实自我。即使孩子仍然没有达到你的要求，你也可以长期使用这个技巧。

那些平时很少有出色表现的孩子往往缺乏成就感和自信心，其实他们是最需要得到描述性赞扬的人。这些孩子得不到老师或者同学的肯定，他们希望父母能认可自己的努力，并相信自己下次能做得更好。其实，再聪明的孩子也会有自己的弱势，他们就需要在这个环节上下工夫，而他们最需要的也是你的表扬。

如果孩子在某件事情上进步不明显，很可能是因为这件事情对他们来说依然很困难，比如，对有生理缺陷或者学习能力欠缺的孩子来说，同样一件事情，他们需要付出比同龄人更多的努力。此时，如果家长对孩子的努力加以肯定与鼓励，孩子一定会克服困难，做得更好。记住：**一定要不失时机地表扬你的孩子**！

另外，不要为了表扬而表扬，如果孩子表现得并没有那么好，一定不要随便表扬他们，你只需要关注与称赞他们的努力。

在孩子做得不够好时，家长往往会感到沮丧，此时你也许会失去耐心，找不到可以表扬的地方，便忍不住地批评孩子，这样，你将会处于第2页的那种消极循环中。而作为家长，你的最大任务就是中断这个循环。

下面提供了一些描述性赞扬的话语供你参考。当然，你要根据个人性格以及孩子的需求来适当地调整自己的语言。

你可以这样**表扬孩子的进步**：

- "你这个'h'写得很清楚，可以很容易与'n'区别开来。"
- "你睁开了一只眼……眼球还在动呢。你可能知道现在是起床的时候了……"
- "你今天上学没有落下一件东西哦。你整理东西越来越有条理了。"
- "你能自觉地去练钢琴，我真为你高兴。"
- "你还记得把日期写上去，真乖！"

你可以这样**表扬孩子的努力**：

- "开这扇门对你来说比较困难，但你一直在推。你真是个不轻易放弃的好孩子。"
- "虽然你很不想解答这道数学题，但你还是试了一下。"
- "与其他孩子分享玩具的确很困难，但我相信你以后会表现得更好的。"
- "虽然你从没见过油桃，但你还是尝了一颗。你这种尝试新食物的勇气让我感觉你已经长大了。"

🐼 **"你已经睁开一只眼了……"**

上了描述性赞扬的培训课后，我觉得课堂上所举的例子很神奇也很有趣。有些建议听起来有点做作，我觉得自己也不会去用这方法（尤其是"噢，你已经睁开一只眼了……"之类的），我想："噢，天啊，傻子都能看穿这些把戏！"

　　但是第二天早上，我还是需要帮助，因为我忙着打电话，查尔斯还是没有下楼吃早餐。最后，我去他的房间，发现他居然还在床上，整个人都蜷在被窝里。

　　绝望之下，我尝试参考描述性赞扬的例子来叫儿子起床。但是，我只记得"睁开一只眼"的例子。我往被子下瞄了一眼，看到有一只充满敌意的眼睛在盯着我，所以我尽可能面带笑容地对他说："你干得真不错！好棒哦！你已经睁开一个眼睛了。"孩子的眼神中含着一丝犹豫，随后，孩子抬起头，睁开了两只充满疑惑的眼睛。"太神奇了！"我微笑着说，"我看到两只眼睛了！天啊，两只眼睛哦，它们挨得好近啊！"被子底下传出了"咯咯"的笑声。"妈妈，我当然有两只眼睛啦，而且它们肯定都长在彼此旁边啊！"他一边不停地笑，一边想，如果两只眼睛不是这样长，那脸不知道是什么样子。他掀开被子，从床上爬了下来，仍一边"咯咯"地笑。

　　在接下来的几个星期里，我每天早上都会使用各种版本的"睁开一只眼睛"。我开始用兴奋又期待的语气对孩子说："难道有第三只眼睛？"这句话让头埋在被窝里的儿子"咯咯"大笑。我还在纸上画了一只眼睛，剪出来贴在被子上，然后隔着棉被戳了一下儿子，说我找到一只眼睛。这让他不再赖床。他喜欢有很多花样，也喜欢新奇古怪的东西。

　　　　　　　特丽萨（6岁的查尔斯的妈妈）

隔多久赞扬一次才合适？

每天至少给孩子10次描述性赞扬！这看起来很多，但如果你把自己所看到的事实描述出来，告诉孩子你很高兴见到他这样做，孩子是不会被宠坏的。他会很开心，并且希望做更多这样的事情。在孩子进入青春期之前，要不断地表扬孩子，当然也不要过于频繁。

很多家庭把表扬孩子作为他们睡前的一项例行公事。你也可以在睡前给孩子一个拥抱，用温馨、充满爱意、可信又具体的语言夸奖孩子今天的表现。这肯定会让孩子睡一个好觉。

注意措辞，孩子才不抵触你的表扬

尽量用客观的语言表扬孩子，这非常重要。你需要根据事实说话，如果你说的只是自己的想法，而不是客观事实，那孩子会本能地抵触你。由于我们很少有人在正确的教育方式下长大，你可能会以为自己使用了描述性赞扬，但其实你并没有。

还有另外一种容易犯的错误——过于琐碎的事情也夸奖。通常你这样做，孩子都会有反应的。

我七岁就记得刷牙啦，别没话找话!

女儿看起来似乎对妈妈的这种描述性赞扬很抵触，那妈妈就要注意措辞了。

这听起来可能有些好笑，但我刚刚才意识到我很久没有提醒你刷牙的事了。你什么时候养成这种好习惯的?

好像是七岁吧。

嗯，那你当时还很小哦。

她说得还挺对的。

有些家长一开始使用描述性赞扬会有点不自然。不过没关系，我们本来就不习惯对常见的事情进行赞扬，因为我们习惯性地注意他人的错误。但即使这些表扬很奇怪，一旦你开始使用，还是能够很快适应，而且会用得越来越自然。

即使孩子抵触，你也要继续表扬

尽管大多数孩子喜欢这种新的描述性赞扬，但有些孩子一开始会觉得困惑："为什么你要这样跟我说话？"你可能因此而停止使用这种方法。其实你应该向孩子解释："我发现自己过去一直都没有去注意你好的一面，现在我打算改变一下，我决定把我喜欢的行为都告诉你。"

你是否曾经拒绝别人的表扬后又暗自欣喜？我记得自己有过这样的经历。一个朋友告诉我："你的耳环真好看！"我当时面无表情地说："我花了几块钱在货摊上买的。"第二天早上在戴耳环时，我不自觉地注意到了那副耳环。我心里想："它们好像确实很漂亮。"所以我们有时候会反感别人的赞美，但过一阵子又会很高兴。孩子或许也是以类似的方式对待你的描述性赞扬呢，因此千万不要中断你的表扬哦！

如何巧妙纠正孩子的错误？

描述性赞扬不仅可以让孩子保持良好的习惯，它还可以用于纠正孩子的错误。第17页的漫画中，当爸爸指出孩子的拼写错误时，孩子却反驳了他。我们来看看下图这种不同的处理方法。

爸爸只提到孩子做对的地方，并没有说他错在哪里。儿子觉得自己受到肯定，也更愿意去了解哪里还有待改善。

爸爸尽量把错误说得最小化，不在这个问题上大做文章。他没有把正确的拼写方法告诉孩子，而是让孩子自己思考，自己找到答

案，这种方法让孩子记得更牢。如果回答正确的话，孩子也会很自豪的。

我们通常都是注意消极的一面。当我们看孩子的作业时，我们总想着去挑错。图中的爸爸抑制自己的本能反应，不去提及孩子的错误，而是将注意力转移到好的方面，并夸奖了孩子。这就好比，当爸爸看到半杯水的时候，心里想的是"水还有半杯"，而不是"只剩下半杯"。带着这种乐观的态度再看杯子，他会觉得水比想象中的还要多。

当你指出孩子做对的地方，他的自尊心与自信心也得到了满足。他会更乐意去思考自己错在哪里。你可以给孩子一些暗示，让他自己去寻找错误（"少写了一个字母"），在他找出答案后，再用描述性的语言表扬他。这比你单纯指出他的错误更有意义。直接告诉孩子答案（"carrot这个单词少了一个'r'。"）或许也有用，但这会让孩子失去一次独立思考、提升自信的机会。

教孩子学会自我欣赏

你不可能一直待在孩子身边不断表扬他们。你的孩子需要学会更加自信，并为自己引以为荣，即使父母不在身边的时候，他也需要学会关注自己用努力换来的进步与成就。培养这种技巧最好的方法就是向孩子提出一些简单的问题，例如："你觉得这次作业做得怎么样？""有哪些让你自豪的地方？""你觉得作业中还有哪些好的地方我没有提到呢？"或者可以在睡觉前说："你今天还有什么好的表现，是我没有注意到的呢？"

孩子需要回想自己做过的事情之后，才能给你答复。当他开始仔细检查自己的作业时，就会发现很多地方其实都做得很好。他可能也不需要你的提醒就能找到错误并迅速更正过来。

一开始孩子可能不太乐意去做这些事。他可能会说不知道自己哪里做得好，或者说他一点儿都不喜欢自己的作业。孩子会这样回答也许有以下几个原因：孩子没有检查作业的习惯，也不知道要怎么回答你；他可能会拿自己的作业和其他更优秀的做比较，并因此感到不自信。这时，你就需要慢慢帮孩子树立自信心，告诉他不要轻易放弃，你可以这样说："这个字写得很饱满、很漂亮，我觉得这是整页中写得最好的。你觉得呢？"

只要你按事实说话，描述你所看见的，再多的赞美也不会让你的孩子过度骄傲。这反而有助于孩子反省自己做过的事情，并强化良好的行为习惯。反省能力与自我鉴赏能力是树立自信心最重要的一步。

看到了更多的优点

很多刚开始使用描述性赞扬的家长反映，由于需要寻找可以夸奖孩子的例子，他们突然发现孩子在很多事情上都做得不错，自己也更欣赏孩子了。

当你开始表扬孩子的优点时，孩子也会开始模仿并使用这种赞扬方式。你会注意到孩子也开始用描述性语言表扬你。听到孩子感谢你带他出去玩耍或者谢谢你给他做出这么好吃的饭菜时，你也会非常高兴的！

妈妈："你按老师说的在这里涂上颜色，你把它涂得这么好，我真的很开心。"

儿子："妈妈，我也喜欢你的画，它很漂亮。"

2 拒绝：用"可以"表示"不可以"，轻松降低孩子的逆反心理

你与孩子在相同时间内想做不同的事情，这种生活习惯上的冲突在每个家庭都会出现。解决问题的诀窍是，在维护自己立场的同时避免争端。

大多数家长都认为自己不喜欢与孩子争辩，认为自己尽可能不对孩子吼叫或者过多批评，尽量给孩子讲道理而不是强迫他们服从。可是事实上很多家长都说着说着就和孩子吵了起来。此时，一定要记住：**父母与孩子间的争吵永远分不出胜负，吵架的双方都是失败者。**

本节将教你如何用孩子可以接受的方式去拒绝他们的请求，以及如何让孩子主动服从你的安排，避免不愉快的发生。孩子得不到自己想要的东西都会不高兴，所以，孩子最后愿意听话就已经足够了，不用再批评他的态度。

用"可以"来表达"不可以"

对很多孩子，尤其是那些活泼好动的孩子来说，只要听到一个"不"字，他们都会大吵大闹。小孩与大人一样，都想掌控自我生活，家长的一个"不"字就剥夺了孩子的这种掌控力，从而引起孩子的逆反情绪。**让孩子听话的一个窍门就是不要说"不"。** 只要这样做，你就成功了——一方面尊重了孩子的控制欲，另一方面也达到了让孩子乖乖听话的目的。

下图是这方面的一个例子。首先，呈现在妈妈面前的是一个很棘手的场景——妈妈提出了一个儿子不喜欢的请求。

> 我们现在要去上音乐课啦！

> 我可以先把这个拼完吗？

不巧的是，妈妈需要孩子立刻就放下手中的玩具，直到这时，她才发现应该早点催促孩子。可是她的儿子另有安排——他想要玩。没有哪个小孩愿意丢掉手上的玩具去做一些他认为没意思的事。妈妈的回答在情理之中，却引发了冲突。

> 不行，我们现在就得出发。

其实，简单地改变一下说话方式，结局将会大相径庭。

妈妈答应了孩子的请求，还主动为孩子预留出了他想要的玩耍时间。这种小小的策略功效之大，会让你大吃一惊。**当你答应孩子的要求并且给他一个选择时，孩子会觉得你尊重了他的意愿，就更乐意与你合作。**

用问句来表达"不可以"

下面是另外一个棘手的场景：女儿的请求注定要遭到妈妈的拒绝。首先，来看看妈妈通常情况下会怎么回答。

如果不说"不"，甚至不需要解释，而是转而向孩子提问，鼓励孩子自己思考这个问题，结局就会好多了。

现在女儿需要思考，并自己得出结论。她肯定不会高兴，但也只能接受这样的事实。

这种做法让孩子更容易接受不能看电视的事实。而且，只要孩子回答正确，妈妈还有机会用描述性的语言表扬孩子。当然，小女孩继续顶嘴还是有可能的，第77页谈到了这一点。

用解释来表达"不可以"

很多时候，虽然孩子的请求很合理，但由于我们自身的原因，我们不得不拒绝他的请求，连你自己都于心不忍，但是你也没办法。

爸爸，你今天能来看我的表演吗？我要拉大提琴。

突然面对这样的请求，爸爸由于自己的原因无法出席，他自然就会生气并责骂女儿。

不，我没法去，公司早上要开会，你怎么不早点告诉我呢？这样，我就可以提前安排好嘛！你应该学着好好安排这些事情啊！

又来了，我还不如不说。

爸爸的反应是完全可以理解的。女儿事先什么都没有告诉爸爸，就希望他能够放下一切事情去看自己的表演，这怎么可能？爸爸或许想去欣赏女儿的演奏，现在他觉得自己错过机会了。这种事可能以前在家里也发生过，这次只是又说明了孩子缺乏组织能力，父亲没有做好自己的日程安排而已。虽然爸爸有充足的理由这样拒绝女儿，但他的语言却与自己的目的悖道而驰——没有一句话可以激励孩子去提高自身的组织能力。

女儿开始后悔自己提出了这样一个请求。不仅仅是因为爸爸没办法去听自己演奏，更重要的是，她现在觉得爸爸在生她的气。她不会听取爸爸的合理建议，而是忙于为自己辩护或者感到难过，否认自己的错误。孩子还没有学会换位思考时，他的脑海中只有自己的观点。

你可以用下面这些技巧，来避免类似的情况发生：

- **先解释，后拒绝。**最好是在拒绝孩子的请求前先解释自己的情况，因为一听到自己的请求被拒绝了，孩子们就会很伤心，更别说再接受任何解释了——纵使你的解释多么合情理。如果你先解释自己的难处，他们可能更愿意听你说下去，从而慢慢接受这个事实，即使他们不喜欢这些解释。

- **解释你的需求，不要批评孩子。**当你向孩子解释自己为何无法答应他们的要求时，最好说说你必须去做的事情，而不是一味怪罪孩子。对孩子来说，没法实现自己的心愿已经很糟糕，他们不需要你继续火上浇油。

- **让孩子知道你的答复是经过深思熟虑的。**即使你不能答应孩子的请求，也让孩子知道你了解他们的想法。

- **尽量避免说"不"字**。你可以使用引导性的问题，让孩子自己去理解其中的原因。

- **事情过后再告诉孩子他哪里做错了**。从错误中学习是非常重要的，但孩子不高兴时并不想听你的训导，所以你需要尽量避免这种情形发生。（详见第6节，第139页）

用这些技巧后，爸爸就能在顾及女儿的感受及父女关系的情况下拒绝女儿的请求。

> 你今天能来看我的表演吗？我要拉大提琴。

爸爸说出自己的原因，不去责备女儿，也避免说"不"字。

> 我也很希望能去看你表演，只是我九点就得到公司上班。

> 真可惜！

如果女儿不断恳求爸爸，爸爸就可以一再重申自己是多么希望去看表演，然后可以给孩子一个拥抱和一个吻，向孩子道歉，然后离开。当然，爸爸可以提出一些建议，例如请别人帮忙去现场录制音乐会或者在女儿演奏时拍几张照片。小女孩或许还是很伤心，但也没办法改变现实。

无论爸爸多么失望，现在都不是教育孩子或者表达失望的最佳时机，因为以后还有很多机会可以去和孩子讨论如何避免类似状况的发生。

提供选择，让孩子自己作决定

如果你为孩子提供一些选择，他们可能会更加赞同你的安排。这种看似象征性的让步却对孩子有着很大影响——孩子会认为自己的想法得到了重视。不过，**家长所提供的选择不应太多，两三个就可以，否则会让孩子不知所措。**

你愿意五分钟后还是十分钟后出发？

提供给孩子的选择必须精心设置，这样，无论孩子作了哪种选择，你都能坦然接受。有时我们让孩子作出选择，其实是希望孩子能按我们要求的去做，但通常我们都事与愿违。像"我们可以回家了吗？"或者"你现在去睡觉行吗？"这类问题并不能表达我们真正的意图。我们通常很有礼貌地表达自己的想法，但孩子却怀疑我们的企图，所以，"我们两分钟内得走"或者"该睡觉啦"这种表达方式比单纯的问句效果更好。我们期望孩子在作出选择时能抵挡住诱惑，但这种想法不现实——没有孩子会挑选正确的选项，孩子都喜欢古灵精怪的选择。所以，你要去除有诱惑力的不当选择，简单明了地引导孩子按你说的去做。

肢体语言要温和，声音要略低

在肢体语言及声调中，只要我们流露出一丝恼怒，有的孩子就很敏感，反应激烈。活泼好动的孩子通常比听话的孩子更敏感，这可能就是因为他们经常受到批评，甚至随时做好准备迎接家长的责怪的缘故。

有的家长认为，在提出请求时，语气要果断，这样孩子才会乖乖听话，但这通常只会让孩子的逆反心更重。

而如果装出淡定的语调，反而给人一种嘲讽或者高高在上的感觉。我觉得**用比孩子声音低一点的音量说话**反而更加有效。当孩子开始哭闹时，你可以稍微提高你的音量，但不要高于孩子。孩子冷静下来时，你也要跟着冷静下来。你可以蹲下去或者把孩子抱起来说话，如果你一副高高在上的样子，再加上严厉的语气，只会招来孩子的反感与抵抗。

给孩子做个榜样

我们都不喜欢被人指使，受人左右的感觉让人恼火。孩子比成年人更讨厌受人指使。与我一起合作的家长经常提到，很多个早晨，他们至少要给孩子下达20多条命令，有时同一句话要说20次。"起床，穿衣，刷牙，穿鞋，穿鞋，穿鞋。快点！我们要迟到了……"千篇一律——家里有几个孩子的话，事情更麻烦。

不管你多小心，即使是一个小小的要求也可能遭到孩子反对。

可能小女孩只是觉得自己被妈妈控制了自由，所以，淘气的她做出了第一反应——跑！

想让孩子做正确的事情，家长应该做出示范。在你向孩子示范的过程中，他们可以边听边看，因为没有直接的命令，所以可以将孩子的逆反情绪降到最低。下图中就用了这种做法。

感觉外面很冷啊，我要穿上大衣才行。我还要戴上围巾和手套。

也许我也得这样……

这种方法每次都奏效吗？不一定。但你会看到这办法有多神奇，特别是对于那些活泼好动、似乎对任何安排都很抵触的孩子。图中女孩子在没有丝毫压力的情况下听取了妈妈的话，觉得选择权在自己手上，这样，她就没有意识到自己服从了妈妈的安排。在接下来几节中，你将学到更多这些不着痕迹的巧妙方法。

别隔着墙跟孩子说话

你有过在另一个房间命令孩子做事，却遭到失败的经历吗？孩子之所以不听话，是因为他这时沉浸在自己的玩耍中，很难将注意力转移到其他事情上。除非你在跟孩子说话前先吸引他的注意，要不然，他是不会理你的。

为了让孩子严肃对待你说的话，你需要**走到孩子身边**。这样，他可能会留意到你的存在；如果还没有，你可以再靠近点。等到他抬头看你时，你再语气温和地将你的要求告诉孩子。如果你想要收到更好的效果，你可以一直等着孩子照你说的做了时再走开。

🐼 眼神交流至关重要

　　每次送三个女儿上学前，最后一个环节总是让我失望：她们不肯自己穿鞋，总要我找到鞋子帮她们穿上。

　　对这件事，我过去一直没怎么在意：她们已经穿好衣服了，显然也会自己把鞋穿上。但现在我发现，这个问题不仅耽误时间，还影响一天的心情。为什么她们就不肯自己穿鞋呢？我总是在房内冲着楼下的孩子大叫——"立刻把你们的鞋子穿上！"但她们一直都当成耳旁风。最后，往往都是我愤怒地帮她们穿鞋，要不上学就会迟到。

　　对待其他人，比如朋友或同事，我会用这种语气说话吗？显然不会，那我为什么对自己的孩子就这么苛刻呢？上完这节课后，我意识到：在吩咐孩子做任何事情之前必须先引起她们的注意。

　　眼神接触至关重要。所以我首先确保自己提前做好着装准备，这样我就可以全力解决孩子们的问题了。准备好之后，我就下楼，当面夸奖她们准备及时。接着，我问她们还有什么事没做。即使她们没做出回答，她们也可能会看看自己的鞋子，这时我会大声、愉快地对孩子说："是的，没错！你们需要穿上各自的鞋子。你们完全知道事情的顺序。"奇迹发生了——女儿们都乖乖去穿鞋，我们家的早晨更加祥和了。

　　　　　　　　　　　　　　菲奥娜（三个4～9岁女儿的母亲）

3 安抚：想让孩子不发脾气，你要先控制自己的情绪

消极情绪会给家庭关系带来负面影响。我们可以把焦急、生气、失望等强烈情绪看作是我们身体"警报系统"的一部分，它会告诉我们什么时候需要采取措施。这些情绪的产生通常是因为愿望得不到满足——就好比我们想进屋却找不到钥匙，或者我们希望孩子听话，他们却置之不理。

"警报"一响，血液中就会产生应激激素，我们会突然产生一种紧迫感。身体也对外界不利因素做好反应，以维护自身安全，并满足自身需要。

但当情绪激动时，我们的智商反而会变低。特别是发火时，我们的思维就更简单化，说话、做事不经大脑，事后又后悔自己的反应。情绪自古以来是我们生存系统的一部分，所以各种反应也是理所当然的。当我们的祖先不得不躲避危险或者不得不去战斗时，他们都没有时间深思熟虑、权衡选择——他们必须马上行动。

孩子的情绪直接影响他的行为

相比成年人，孩子的大脑还没有完全发育，所以，他们的"警报系统"很容易就会被触发，思考能力顷刻降为零。如果孩子得不到他想要的东西，或者被吩咐做他不喜欢的事情时，就会发生这种情况。孩子凭着自己的理解能力，会觉得自己的控制欲、安全感、成就感得不到充分的满足。

气球飞走了，带错了课本，搞错了时间等，这样一点小事都能让他们反应剧烈。当孩子察觉到事情出错时（记住：孩子与大人一样，都是根据自己对情况的理解而非事实来采取行动的），他们很难保持理智。再加上孩子心智不够成熟，所以，需要给他们多一点时间冷静下来。

学会理解孩子的情绪

孩子与大人都会感情用事，这对双方来说无疑是火上浇油。

爸爸正在看报纸，儿子则坐在椅子上晃来晃去，高兴地吃着冰激凌，然后——

啪

小孩子不开心了，在他看来，这是一件非常失望的事情。而爸爸则不这么看，他觉得没什么大不了的，所以他想好心安抚孩子。

没关系，只是一支冰激凌嘛。

但是，男孩觉得爸爸不理解自己。对他来说，这可是一件大事！他越哭越大声，想让爸爸看到自己是多么失望。

他要是肯乖乖听话就好了……

我叫你好好坐着吃，你又不听！

我要我的冰激凌！

爸爸按自己的想法回应孩子：这事儿没必要小题大做，而且这都是孩子的错，他本来就不应该在椅子上晃来晃去。爸爸并没有发现自己与孩子之间的想法存在很大的差距。

爸爸严肃的语调与愤怒的言语是孩子不能够接受的。不仅没冰激凌吃了，而且爸爸现在还生气了。一下子发生了这么多事情，他哭得更大声了。

爸爸收回自己说的话，心想：真麻烦！咖啡厅里其他的人不时地往这边看。爸爸本来想度过一个愉快的早晨，现在竟成了这个样子！他唯一想做的就是让孩子安静下来，所以，他想到再给孩子买一支冰激凌来哄孩子。

可惜，为时已晚，孩子已经一发不可收拾了，也不听爸爸在说什么，躺在地上，乱踢乱叫，不管什么冰激凌了。事实上什么东西对孩子都不重要了，他已经完全丧失了理智。爸爸开始责备儿子。区区一支冰激凌居然引起一片混乱，爸爸心想：这孩子该挨揍了！

真麻烦，这孩子都被宠坏了！

起来！不许哭！我都说了再买一个给你！

情绪的反应过程

简单来说，小男孩出现了麻烦，拉响了自己的"警报系统"。爸爸尽量用自己认为的最佳方式来安慰孩子，然而，不但没有成功，反而局面更混乱。家长看孩子不顺眼，孩子看家长也不顺眼，然后，他们就冲到了"愤怒之巅"①。

科学图解
"愤怒之巅"

爆发

愤怒

失望

反感

开端

① "愤怒之巅"这一比喻出自简·考克斯，他是一位心理治疗师，同时也是英国全国儿童工作组的咨询师。

如果你有一个活泼好动的孩子，或者你有好几个孩子，你可能会发现自己每天都有好几次站在山巅上。这其实很正常，但却非常令人心力交瘁。

允许孩子发泄情绪

在上面的例子中，爸爸试图不让儿子哭闹，结果反而使情况恶化，即使最后作出妥协，也于事无补。每个人都会有伤心、失望的时候，即使家长不喜欢看到孩子又哭又闹，但也不得不承认：这其实只是孩子释放负面情绪的一种正常反应。

孩子不可能一直情绪高昂，作为家长，你也不可能每时每刻都如孩子的愿。但你可以帮助孩子更好地控制情绪，并尽快消除抑郁情绪。过后孩子可能会重新思考，并自己想出解决办法。这时，一个拥抱、一个吻或者使用反映式倾听都可以达到让孩子独立思考的目的。（详见第67页）

解读孩子气话中的真实意思

孩子的语言能力不成熟，不过，他们也有自己的语言——简单、不规则的儿童语言。当孩子情绪激动时，思维水平便急剧下降，词汇量也相应减少，词汇使用正确率随之降低。如果从表面意思解读孩子的心理，家长就会难受甚至生气，通常还会责备孩子不懂礼貌。

有了下面这份对照表就方便多了。看一看，其中有你的孩子生气时说的话吗？

孩子的气话与真实意思对照表

孩子的气话	真实意思
不。	我不知道你想让我做什么，但我又不好意思去问。
我不要。	我知道你想要我做什么，但这看起来很难，我觉得我完成不了。
我不做。	做这件事情让我很担心也很害怕。
你别想勉强我。	我不想做是因为我很累/很饿/有其他的事情要完成。
这很无聊。	这很难，我怕自己无法完成。 我不知道做这件事有什么意义。 这一点都不"酷"，我的朋友会看不起我的。 我不喜欢。
这不公平。	我不喜欢。 别人有，我也应该有。 你之前答应过我的，现在却反悔了。
你太小气了。	你总是不让我做我想做的事，我对你很失望。
我讨厌你。	我很生气，我不知道要怎么说、怎么做。我觉得很丢脸。
我不爱你了！ 你不是我的妈妈！	我很沮丧，脑子很乱，很不开心，我不知道要怎么说、怎么做。我做任何事都需要你的爱与支持。

　　孩子可以准确表达他内心的想法吗？当然不能。所以，我们需要教孩子学会成熟、有礼貌地说话，而不是一生气就说气话。这不仅仅是为我们的生活着想，也是为孩子们着想。

　　当孩子生气的时候，别人说什么他都听不进去。他们以简单、生硬的方式去理解，有时候还完全扭曲我们的意思。

　　如果我们的肢体动作表现出烦躁的情绪，或者我们的声调稍微提高了一点，情况就会恶化。孩子一爆发，用不了一秒钟，他就会情绪激动、智力下降。这时，孩子是如何解读家长语言的呢？当然，孩子的解读方式多种多样，以下只列举了一部分，不过，你仍能从中得到一些参考建议。

孩子对家长语言的理解

家长这样说	孩子通常这样解读
不行。	妈妈想要控制我。
住手。	妈妈不理解我。 妈妈不相信我能完成。（一个经常被父母这样吼叫的孩子） 妈妈现在没有冲我喊叫了，所以她不想制止我。我可以不理她，继续干我想干的事。
你太调皮了。	爸爸说得对，我很调皮。所以，我就要做调皮孩子做的事。 我不调皮，爸爸这样说只是因为他不爱我。 我不调皮，爸爸这样说是因为他是个坏蛋或者是个笨蛋。

家长这样说	孩子通常这样解读
你不能这样。	爸爸生我的气了，但我不知道为什么。 我知道错了，因为我不听话，所以爸爸不爱我了。
别傻了。	妈妈觉得我是傻瓜。傻瓜就是笨蛋的意思，所以我是笨蛋。 妈妈不了解我。
你怎么能这样跟我说话？	妈妈不再爱我了。 我是坏孩子。
你真棒！ （请看本章第1节的描述性赞扬）	他这么说只是因为他是我爸爸，我其实没那么优秀。 他这么说只是因为他还没发现我在墙上乱写乱画。 爸爸肯定是话中有话。

🐼 正确解读孩子的气话，我更冷静了

过完了快乐、漫长的一天，罗布该上床睡觉了。他今晚可以跟我一起睡，但是他却要带上自己的大泰迪熊。我向他解释，床上没地方放，建议他把泰迪熊放在床边。这些话，他都当成了耳旁风。

我是一个离异妈妈，这也不是罗布第一次大叫并威胁我了："我以后再也不会跟你住了！我要和爸爸住一起，我一天都不想见到你！我们一点都不快乐！你是个坏妈

妈！"他不断上演这些闹剧。

过去，孩子发脾气会让我无比伤心，我甚至怀疑自己是否有能力成为一个好母亲，但现在我学会了冷静处理问题。罗布才五岁，他用孩子的思维方式说话。他只是表达他的不满而已。

他闹了至少20分钟，我一直很冷静地对他说："你住这儿吧，星期二你就可以看到爸爸了。"我尝试体会孩子的感受，接着说，"我知道不能按自己的想法做事很难受。"然而，这都不能使孩子冷静下来。

在这个绝望的时刻，我给一个很熟悉的朋友打了个电话。她告诉我"罗布说的肯定不是这个意思，他只是想逼你满足他的愿望而已"。她还建议我不要搭理孩子，反正他也听不进，并鼓励我不要屈服！

我挂完电话，什么都还没说，罗布就走过来跟我说："妈妈，对不起，我惹你生气了。"我几乎都要哭了，我无法相信我的耳朵。我给了他一个大大的拥抱，他接着说："我不是真的想那样子跟你说话的。"我又给了他一个拥抱，表扬他具有控制情绪的能力。渐渐地，他在我的怀抱中睡着了，脸上还挂着一丝微笑。这是他第一次用这种方式跟我道歉——我认为他会向我道歉是因为我没有对他大喊大叫，而是在一旁静静等待。

几天后，罗布又做错事了，他又说我很坏，说要去找爸爸。我坚定地告诉他我不想再听到这些话了，然后我就走进厨房。这次，只过了两分钟，罗布就来找我，亲了亲我，并向我道歉。

那天晚上睡觉前，罗布告诉我："你知道吗，妈妈，你真伟大，我好喜欢你。"这件事发生后的一个月内，我都没听到他再说任何威胁的话。

内奥米（5岁的罗布的妈妈）

你的孩子或许不会对你这样说话，但孩子会扭曲你的意思吗？

教孩子培养更成熟的思维方式是一种非常明智的做法，但前提是：孩子得愿意听才行。孩子在气头上时，是不会按常理思考问题的。只能等到你们都从"愤怒之巅"下来后，才是教孩子不说气话的好时机。

学会倾听，瞬间安抚孩子的情绪

做错事时，孩子的情绪会产生波动，此刻他们需要冷静、慈爱的大人帮他们解决问题，给予他们安抚。当然，你可以在孩子摔倒、哭泣的时候，亲吻一下孩子，帮他们修好破损的手工或者帮他们拿够不到的玩具。但一直帮孩子处理问题既不可能也不可行。所以，有时我们没法满足孩子的愿望，他们就会失望、发脾气，这时，你可以教孩子控制情绪的一些好方法。

安抚孩子时，你要用跟他的性格、情绪激烈程度相应的方法：

1.当孩子苦恼、失望或者伤心，但还不至于"火山喷发"时，你可以使用"反映式倾听"（详见下文）。此外，你还可以给他们一个拥抱！

2.当孩子情绪激动时，他们更不想听你说话。这时，你就需要使用事先准备好的"情绪管理策略"安抚他们。

3.当孩子的情绪达到顶峰时，任何方法可能都会失效。这时，你可以"离开现场"，前提是要确保每个人的安全。

1.反映式倾听

让我们看看爸爸是如何使用反映式倾听来处理冰激凌事件的。

噢，不，冰激凌掉地上了！现在爸爸尝试站在孩子的角度思考。虽然他知道儿子不应该摇晃椅子，但爸爸也意识到现在不是教训孩子的好时机。

了解孩子的想法后，爸爸对孩子表示同情。

> 唉，这是你最喜欢的口味呢……

男孩仍然很伤心，爸爸就要给予他更多的同情与理解。虽然孩子很失望，但爸爸的话让他觉得自己受到重视与理解。所以，他的悲伤情绪没有加重，而是开始思考自己应该怎样做才能改善目前的状况。

> 是的，我喜欢吃巧克力冰激凌。

爸爸不断地安慰孩子，这让孩子觉得爸爸是理解自己的。

完全没有生气、喊叫！

这意味着爸爸应该给儿子再买一个冰激凌吗？不一定，决定权在爸爸手上。不管是否去买冰激凌，爸爸都可以通过第6节（第139页）讲的纠错方法来教育孩子，让他明白以后吃冰激凌的时候不要摇晃椅子。

如果爸爸不打算买冰激凌，他最好先向孩子解释原因，让孩子自己思考。爸爸可以说："噢，不，我身上没带够钱。"或者说："我们十分钟后得回到家，现在已经没时间去排队买了。我知道你很不高兴，但我们回家后，你可以做些你喜欢的事情。"

即使爸爸使出浑身解数，孩子仍可能不高兴。此时，不管孩子多么不听话，爸爸千万不要发脾气，而应该继续安抚好孩子失望的情绪。**直接说"不行"然后又顺从孩子的要求，只会让孩子知道，以后只要大吵大闹就可以如愿以偿。**

☺ **什么是反映式倾听？**

这是一种处理不快情绪的沟通技巧。反映式倾听有利于孩子和大人的情绪排解，从而令他们更加平静。使用反映式倾听，孩子会觉得与你之间的距离拉近了，他们体会到你的爱，从而更愿意与你交谈并表达自己的想法。以下是反映式倾听的具体步骤：

① 暂时把你自己的情绪与批判的想法放在一旁。

② 体会孩子的想法与感受。

③ 告诉孩子你对他想法的推测（不要过于自信或武断，因为你无法确定你说的就是对的）。你也可以向孩子描述一下你对他想法的看法——尽可能说得幽默点。

反映式倾听不是提出解决办法，也不是责怪孩子或其他人，更不是去认同孩子的看法——你没有必要去认同孩子的行为。**你应该帮助孩子了解情绪产生与情绪发泄之间的区别——产生情绪是正常的、无可厚非的，但肆意发泄情绪就不太好了。**

把你揣测出的孩子的感受告诉他，这样，他会觉得自己受到重视，得到了你的认可与关爱。

多年来，反映式倾听已被心理治疗师、家长和老师广泛使用。但是研究表明，即使熟悉这项技巧的家长也会觉得有失灵的时候。

由于反映式倾听需要你暂时克制自己的情绪，所以，如果太生气或太累，那请不要尝试这种方法，因为压抑过多的情绪反而不会收到实质性的效果。不过你可以给孩子一个拥抱，这样孩子就稍微可以安心了。等你心情好一些之后，你有的是机会用反映式倾听来教育孩子。正所谓熟能生巧，不久之后，这项技巧对你来说便会游刃有余。

反映式倾听的例子

孩子说	你可以抱抱他或者拍拍他的肩膀说
我讨厌琼斯老师！	噢，今天在学校遇到了什么不开心的事吗？
汉娜没有邀请我去参加她的生日派对。	噢，你肯定很失望。
哇……哇……（孩子在哭但你却不知道怎么回事）	来，让我抱抱。我知道一定有什么地方出问题了。
我可以吃一块饼干吗？求求你啦！	我知道你很喜欢吃饼干，你觉得饼干很好吃，你可以想吃就吃。 *提问：你知道为什么现在我不让你吃饼干吗，虽然我知道你很想吃？* *如果孩子给你一个合理的答复，就请表扬他："是的，虽然没饼干吃对你来说很难受，但你还是给了我一个正确答案。"* *如果孩子说"因为你太坏了"，请不要发火！记住：童言无忌。你应该淡定地对孩子说："这个答案不正确，你可能是因为太想吃饼干了，才认为我很坏。"* *当孩子不断纠缠你的时候，一定不要给他们饼干！否则，撒娇与吵闹将成为他们惯用的伎俩。要想第一时间遏制问题发生，请参见第5节和第6节。*

孩子说	你可以抱抱他或者拍拍他的肩膀说
我不喜欢吃水煮蛋!	片刻之后，再说:"我知道你很喜欢吃煎蛋，可你知道我为什么不把这些鸡蛋煎了而是拿来水煮吗?" 根据孩子的反应，按以上方法作答。

☺ **找出问题的根源。**

对小孩子来说，为了一点小事就伤心是很正常的。如果你命令他们停下手上的事去听你吩咐，他们就会感到难受。

然而，**如果孩子在同一个问题上总是出现明显的消极情绪（例如：每天早上都不想上学），这就意味着孩子的某种需求没有得到满足。**如果孩子不想去上学，他们可能是在学校遇到了一些不愉快的事，例如被老师严厉批评或者被别的孩子欺负，还有可能是因为孩子对周围事物产生了误解，比如老师本是好意劝说，孩子却误认为自己招老师讨厌，或者被别的孩子不小心撞到，他便认为对方故意欺负自己。不管怎样，找出问题的根源是非常必要的。

我们来看看下图的例子。

在这种情况下，你可能暂时不明白孩子为什么这样做，作为家长，你想确保孩子能准时到校，而且你自己也需要按时上班。你可能会本能地做出错误的回答，这可以理解，但一点儿用都没有。

左边的回答没有发挥作用是因为爸爸并没有考虑到儿子此时此刻的感受。男孩为了让爸爸明白自己的想法，他可能会反驳说他"一直讨厌上学"。即使情况不属实，他也一心只想为自己辩护。结果情况会更糟。右边的回答有点多此一举，因为孩子知道自己必须去上学，**他只是希望你了解他不想去的原因而已。**

爸爸这时要理解，孩子可能是因为心情不好才不想去上学。他可以用反映式倾听来了解事情的真正原因，父子也可以一起思考解决办法。由于爸爸不知道儿子不想上学的原因，他可以先进行猜测。

儿子并没有立刻肯定或者否定爸爸的话，不过他也没有解释自己的原因。此时，如果爸爸继续尝试，儿子会更愿意向爸爸倾诉。

以前你很喜欢上学的，我知道了，一定是发生了什么让人难受的事……

丹尼说我很笨，说我总是接不到球。

同样，我们的第一反应就是给孩子出主意，但孩子并没有请我们帮忙，况且他也不一定会喜欢我们的建议。

"丹尼这小子是欠揍了！"

"没什么大不了的，别理他就行了。"

孩子可能会拒绝爸爸出的主意，并觉得爸爸并不理解自己。因此，保险起见，爸爸还不如继续用反映式倾听。

那你昨天肯定很不高兴。

我讨厌他。

在给予孩子同情，并表明自己理解孩子的想法后，爸爸可以问问孩子是否有解决问题的方法。这为孩子提供了一个独立思考的机会，从而使他们更自信，也会让孩子觉得是在执行自己的想法，而非顺从爸爸的意见。

是的，听起来很难办，那你打算怎么处理呢？

我想我可以跟乔治一起玩。

这个点子不错！

如果爸爸及时赞扬了儿子的想法，儿子就很可能心情好转，也更乐意起床，抓紧时间去上学，把浪费的时间补回来。

你可能需要多次尝试反映式倾听才可以找到问题根源，就像图中的爸爸一样，他刚开始并没有猜中孩子的想法。当然我们也不能保证孩子一定会敞开心扉，将原因如实告诉你。但如果你同情孩子而不是一味批评，孩子就会觉得跟你聊天很自在。即使他现在没告诉你，他也知道随时都可以和你谈心。

☺ **"这太花时间了！"**

你可能会想："这样沟通太费时了！我们会迟到的！"然而，就多数家长的经验来看，与孩子争辩或者将孩子从床上硬拽下来也需要很长甚至更长的时间。所以，问题的关键不在时间上。

使用反映式倾听的最大问题在于——它与日常行为习惯，比如吃饭、做作业等会产生冲突。要在短时间内做这么多事情，谁都很难去关注到孩子内心的真实想法；孩子多的话，事情将更棘手。

如果你的生活节奏非常紧张，那你就要另外安排与孩子的沟通时间。此外，孩子的生活节奏比较慢（特别是当你要他们做他们不想做的事情时），你最好还是降低自己的期望值。

如果父母不花时间安抚孩子的情绪，通常大家都会以生气收场——孩子拒绝服从你的安排，家庭生活变成一个战场。对于那些活泼好动的孩子来说，这种情况更无法避免，因为他们很难控制自己的情绪，并经常误解周围的事情，从而陷入困境。

☺ **巧妙打探孩子究竟出了什么事。**

当然，你可以直接问孩子原因。有些孩子表现很好，会真心向父母倾诉。如果你的孩子是这样的，只要你听到这样的答复，你就可以使用反映式倾听表达你对孩子的理解。但很多孩子相反——他们可能只是向你耸了耸肩，说他们不知道或者叫你走开。

这一类孩子情绪不稳定时，他们可能不知道自己确切的感受，所以问他们也是毫无意义。也有可能孩子知道自己的感受，但**害怕告诉你后，你会不理他们或者随便给他们提意见**。他们可能会觉得自己正在受审，从而想方设法避开你。

因此，你可以用反映式倾听来提问，先做一个客观的陈述，例如："你今天看起来好像有点不高兴，是不是今天在学校发生了什么事……"或者"有些孩子因为没有被选进球队便很失望，我不知道你是不是也一样……"这些问题可以引出孩子的回答。如果你猜错了，孩子很可能会帮你改正。

☺ **教孩子自己回答"是的，不可以"。**

提问是一种好办法，因为它既能把孩子的逆反心理降到最低，又能让孩子听从你的吩咐（见第46页）。如果能够与反映式倾听结合使用，作用将更大。

小女孩想看电视，但这次妈妈有更好的应对措施了！和以前一样，她用提问的方式来避免冲突。

但女儿的回答却出乎妈妈的意料……

听到这些话，妈妈肯定不高兴。如果她忘记女儿只是个孩子，她就很容易发脾气。简单来说，女儿的气话只是意味着，"我很生气，因为我想要看电视"。在女儿的气话没有被充分理解的情况下，妈妈出于本能可能会做出下面这种回答。

如果妈妈有这种反应，当时也许觉得自己占了上风。但几乎可以肯定的是，女儿会更生气，说更多的气话。一瞬间，妈妈和女儿就会站上愤怒之巅。

解读孩子的气话之后，我们会发现"真小气"这句话更像是**向**

理解自己的人求助。看电视这一举动所隐含的需求可能是孩子希望对生活有控制权，或者与朋友看齐，找到归属感。这并不代表她可以去看电视。妈妈可以从孩子的角度思考问题，不要从话面意思去跟孩子较真。妈妈可以仿照下图中的回答作出答复。

妈妈可能知道这句话掺了水分，也许会因此与女儿争论，结果可想而知。所以这种方法也是不可取的。

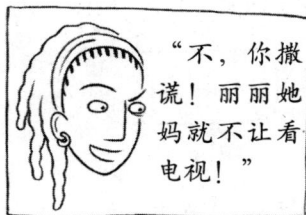

一定要牢记这一点：有智慧的家长会尽一切努力避免与孩子争吵。所以，图中的妈妈可以继续使用反映式倾听的方法，让孩子自己思考不能看电视的原因。

看来你真的很想看那个节目。那你知道为什么星期三不能看电视吗？

因为有作业。

小女孩靠自己成熟的思考能力找到了答案。现在是妈妈使用描述性赞扬的时候了。

这就对了，你长大了，因为虽然你很失望，但还是找到了真正的原因。那么，我们怎样才能解决问题呢？

我想我可以把节目录下来。

好主意！

妈妈的态度帮助女儿找到了解决方法。等双方冷静之后，妈妈可以找个机会说："你还记得我不让你看电视的事情吗？当时你很伤心，还说我很小气。你知道吗？这句话真的让我很伤心。"听到这番话后，女儿可能会很后悔，并真心诚意向你道歉。对待这类问题，妈妈还可以使用错误处理机制（见第6节，第139页）。

🐼 接受痛苦

上星期的一个早上，女儿苏菲与我家的新保姆薇琪又上演了一场对决。苏菲又一次非常粗鲁地吼薇琪："我不喜欢你，你给我离开！"自打半年前薇琪来我家之后，苏菲一直没给过她好脸色。我告诉苏菲"我们都很喜欢薇琪，你也会慢慢喜欢她的"，可这只让孩子更加生气。我还向苏菲解释，上一任保姆家里有事，所以不能来照顾我们了，不过她有空就回来看我们，但这些话都不管用。苏菲无理取闹时，我也要求过让她向薇琪道歉，但她坚决不听。我试着跟她讲道理，告诉她"不管喜不喜欢薇琪，你都应该对她有礼貌"。结果，这些话全都成了耳旁风。

这次，我不想再发火了，我决定把苏菲和薇琪两个人一起叫过来聊聊天。我特地让苏菲坐在我腿上，我开始使用反映式倾听的方法。刚开始，我和苏菲一起谈论了多么喜欢过去那个保姆，以及苏菲对她的深切思念。接着，我说道："无法与所爱的人相见已经很难受，再接受一个陌生人更难。"确认这些话没有让薇琪难受之后，我还向苏菲说出了自己的观点，我认为她与薇琪存在隔阂的另一个原因，是因为薇琪有一只拇指与常人不一样。我说："刚开始，也许我们会不太适应，觉得这难以接受，所以难免会有尴尬的时候。"我们三个人敞开心扉，在这过程中我一直用理解苏菲的口气说话。

第二天早上，我向丈夫提议，我们两个在楼上观察一会儿，看看孩子与薇琪在楼下吃早饭会不会发生什么事。令人惊讶的是，苏菲与薇琪第一次共同度过了一个愉快的早晨。

简（女儿苏菲6岁，还有一个8岁的儿子，一个4岁的儿子）

☺ **不要担心"影响"孩子。**

很多家长担心反映式倾听会给孩子带来负面暗示。比如，也许孩子压根儿就没觉得有什么大不了的，但在听家长说"或许你觉得很失望"或者"也许你觉得不公平"之类的话后，可能孩子就开始有这方面的想法了。不过，经验告诉我，这种情况十分少见。当你猜错时，孩子通常都会迅速指出来，随后就忘了整件事情。

为了确保万无一失，在你与孩子说话时，你需要细心留意他们的反应，尤其是肢体语言。孩子有时会误解你的话，从而感到害怕或生气。好在他们通常都不掩饰自己，所以，你可以及时纠正这些负面情绪。

2.情绪控制策略

孩子非常生气时，可能没有心思去分析你的话，更不要说仔细理解了，这时，你说得越多，孩子只会越烦。当你或孩子快要冲到愤怒之巅时，反映式倾听通常毫无作用，此时，你就需要使用情绪控制策略。

孩子情绪很激动时，他们需要用其他方法来让自己冷静下来：

● 对大多数孩子来说，从"愤怒之巅"下来最容易的办法就是让他们通过一些肢体上的行动，把体内的应激激素全部释放出来。

- 有的孩子只需要到一个安静的地方就可以冷静下来，例如他自己的房间或者房间的某个角落，他可以在那里哭一阵。片刻之后，他的情绪就开始好转。

- 而有些孩子则可以利用物品发泄自己的情绪，例如一张弹簧床或者一只毛绒玩具等。

孩子生气时，你的首要任务就是让他们冷静下来。只要一会儿工夫，他们就能与你合作，并吸取经验教训。

孩子发脾气时，不宜向孩子推荐减轻怒气的新方法。所以如果孩子从来没有用过捶打枕头的方法的话，那你最好还是不要做出这种提议。你要做的就是，等双方心情好的时候一起试用下面这些新方法。

☺ 方法①：释放全部怒气。

一些家长和孩子觉得身体放松对控制情绪有用，比如：

- 来来回回爬楼梯。

- 蹦蹦跳跳或者大声歌唱。

- 撕废纸。

- 在纸上乱涂乱画。

- 跳弹床。

- 击打枕头或者特制沙包。

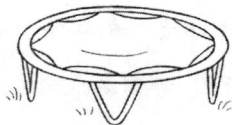

你们也可以再想些不错的办法，选择你们最喜欢的一个反复练习，最好是在家里的不同地方。

你的孩子迟早又会生气，而他会更乐意用你们练过的方法来消气。如果孩子仍然拒绝使用这些好方法，请不要绝望，控制情绪需要时间与努力。经过更多的交流与演练后，孩子会记得这些策略，即使在情绪特别激动的时候也能够熟练运用。

家长经常问道：如果没有练习过情绪控制策略，孩子生气时应该怎么做呢？个人建议是孩子一回来，或者你现在就把书放下，与他们讨论这个问题。还等什么呢？今天改变，明天就会有改进。现在就把精力放在孩子身上吧，过几周就会有成效。

☺ **方法②：深呼吸，转移注意力。**

你一定听过这样的建议，"深呼吸，数到十"。当你在深呼吸、数数的时候，事实上你是在告诉自己的身体与大脑，你的周围没有任何威胁，可以放松。

深呼吸看似很简单，其实也有窍门：

- 首先，深吸一口气——你的胸腔应该像个充满气的气球——然后缓缓地将气体呼出。相比吸气来说，呼气更有利于降压和放松。
- 然后，做一些费脑力的事情，例如从100倒数到1，背诵乘法表或者回忆去年参加你生日宴会的所有人的名字。你也可以创造其他方法，让大脑不停思考一些琐碎但不太费劲的事情。如果你可以把自己的注意力从不开心的事情上转移20秒以上，那么，体内肾上腺素将会大为减少，你的怒气也会随之下降。

结合其他情绪控制法，在孩子放松的状态下，与他们进行讨论及练习，首先从一些小事上着手。选择一些与孩子关系不大却令他沮丧的事情（否则孩子可能认为你是针对他），例如在上学路上遇到凶巴巴的司机，找不到鞋子或者打翻牛奶等都是很好的练习机会。演示这个方法时，你应该向孩子事先说明你会怎么处理。

☺ **方法③：躲进房间也能控制情绪。**

如果孩子把自己关进房间不愿与你继续探讨，也许是因为他们觉得你的方法并不好。你可以告诉孩子"关进房间"本身就是控制情绪的一个好方法——他们已经做对了！

如果孩子突然跑回他的房间，你也不要觉得是叛逆或者不礼貌，而应该认为是孩子自己学会了放松情绪，并知道了怎样在第一时间恰当应对负面情绪。你可以这样想，孩子也很生气，所以会跑开。等每个人心情好转后，你可以与孩子讨论刚才的事情以及以后应该怎么做。

☺ **方法④：自我情绪检查。**

你听过有人吼着说"我没生气！"吗？有时甚至大人自己已经怒火中烧了，他们自己却还想掩饰或没意识到，如果孩子也有这样的情况，那该怎么办呢？

与孩子聊聊身体在不同情绪状态下的反应，比如身体某个部位会高兴、害怕、生气等，这将有助于他们更加积极地应对不同的情绪。当然，最佳时机是孩子身心完全放松或情绪比较稳定的时候。你可以把你的一些经验告诉孩子，同时向孩子解释每个人的实际情况都有所不同，所以不必太紧张。

当人们开始感觉到自己有些生气时，他们的身体事实上已经拉响了"警报系统"。意识到这一点，你可以在爆发之前采取措施，例如深呼吸或转移注意力等。

教孩子识别悲伤等负面情绪的同时，你也是在送给孩子一份礼物，它教孩子认识并有效遏止悲观情绪，这将使他们终生受益。

☺ **方法⑤：向孩子解释"热思考"。**

在你的"警报"拉响之后，你往往控制不了自己的火气。这是你面对恐惧时，为维护自身安全所产生的自然的、下意识的反应。著名心理学家马丁·塞利格曼把这些反应称为"热思考"①。临床验证，多数孩子都觉得这个说法非常直观。

人在热思考时常用的表达有：

"等着瞧！哼，他以为他是谁啊？"

"她是故意的！"

"他怎么敢这样对我！"

"我真笨。"

"我要报仇！"

热思考很有诱惑力，它会使孩子直奔愤怒之巅或者跌落困谷。不论是孩子还是大人，只要他们按照自己的热思考行动，就可能会打架斗殴、乱踢东西或者自我贬低。

当热思考发生时，我们就变得很冲动，并且相信这些冲动的想法"绝对正确"，但事实上呢？很少正确！这些想法的出现是为了帮你抵抗外界的威胁。**你觉得热思考很符合现实，其实纯粹是个人的主观判断。**

🐼 **热思考**

发火的时候，我脑袋里的想法就像爆米花一样蹦来蹦去。有时候这些想法是正确的，但有时候却是错误的。

---

① "热思考"与下文的"比萨饼"分析法均系马丁·塞利格曼所创。

虽然我把手举得高高的，可老师还是没让我回答问题。这种事已经发生了很多次。我非常生气，而且脑子里不断蹦出很多冲动的想法。但我知道我这些想法都不理智，所以下课后，我去问老师为什么不让我回答问题。老师说他知道我会，他希望把机会留给其他同学。这让我感觉好多了。

大卫，8岁

和其他控制愤怒的技巧一样，选择一个令人平静的环境，是最容易向孩子解释冷热思考的。当你教孩子什么是情绪、什么是身体反应的时候，你可以向他讲讲自己有过的热思考，而且通常这些热思考都是错误的。这可以让孩子明白：一旦你产生了冲动的想法，你可以一笑置之，不必当真。

与其屈从于自己的热思考，不如努力克服它们。想一想，事情的发生还有其他原因吗？会不会只是一场误会呢？有什么办法可以遏止这些冲动的想法呢？问自己一遍这些问题，然后用下面的"比萨饼"分析法来让头脑冷静下来。

☺ **方法⑥："比萨饼"分析法。**

"比萨饼"分析法是塞利格曼书中采用的另外一种冷静方式，它帮助孩子认识到头脑所产生的冲动思维并非完全正确，事情的原因有很多可能性。实验证明，这个方法对许多家庭都很有效。

首先，由家长在纸上画一块比萨，切成八块；然后，家长编个故事，故事的主人公正受到某些事的困扰；接着，针对这个困扰，家长给出8种不同的解释，将其分别填在每块比萨中，当然，有些原因是对的，有些根本不靠谱；最后，再由家长问孩子哪个是真正的原因，孩子很可能发现自己也不知道哪个才是真正的原因！

请看下图的例子：一个孩子想和朋友一起玩，但朋友没理他。

你可以与孩子一起使用"比萨饼"分析法，帮助他们对所发生的事情做出8种不同的解释：

为什么杰克不理我呢？

生活中出现烦心事时，你可以和孩子共同寻找解决办法。一开始，孩子的解释大多过于偏激。但是只要把它们写下来，你们就会慢慢冷静下来。

用过几次这个方法以后，孩子就会熟练掌握。下次有类似情况出现时，你就可以鼓励孩子想象一块比萨，然后再想出一些可能的原因。即使你的孩子非常难过，想不出原因，他们也会意识到某件事的发生存在很多可能性，从而逐渐冷静下来。

🐼 不要做最坏的打算

皮特很注重公平，在过去，特别是在玩游戏时，一有孩子碰到他，他心里就会很不平衡。

在我们学习"比萨饼"分析法之前，皮特往往都断定是孩子刻意撞他。现在这个方法让孩子意识到，自己被撞到的原因有几种可能：可能是自己不小心撞到其他孩子，或者别的小孩在玩时没注意到旁边有人，也有可能的确像皮特说的——那是故意的。

无论是发生在皮特身上还是我们大人身上，这个分析法都能让我们认识到，事情的发生还有很多我们没意识到的原因。我们在车里也用过这个方法，路上其他司机开车技术都很差，我让皮特猜猜其他司机开不好的原因，皮特认为，他们在赶时间，也或许他们是新手上路，还可能是他们刚刚收到一些坏消息所以没集中精神，或者他们本来就开不好车。这样做很有趣，也帮助皮特认识到，当我们

> 不了解事情的原因时，与其做最坏的打算，还不如想想所有的可能性。
>
> 马克（儿子皮特8岁）

任何情况下都不要奢望怒气可以瞬间自动消失。即使现在你已经忘了当初为什么生气，但想要安定情绪还是要一段时间的，因为你的身体需要重新调整。

3.离开怒气现场

如果尝试了很多方法之后，孩子的情绪仍然失控，你该怎么办？也可能你一直毫无觉察，突然间，孩子的脾气就爆发了——前一秒风平浪静，下一刻便电闪雷鸣，这该怎么办？

在这两种情况下，你或许会手足无措。此时最好的方法是把孩子留在家里，在确保孩子安全的前提下，离开现场，直到孩子消火。

孩子不可能一直生气，过不了多久便会平静下来。等到这时，你就可以给他一个拥抱，并教他一些解决问题的方法。有一点要牢记，那就是**事情发生时，孩子已经尽力去解决了，所以事后最重要的不是证明孩子错了你对了，而是帮助孩子学会更多的处事方法。**

（第4节和第6节将教你具体该怎么办）

☺ **保障每个人的安全。**

不管孩子生气时是怎么想的，伤害他人或损坏财物的做法都不可取，暴力攻击家长更是要坚决制止。如果孩子有这方面的苗头，你应该阻止并把他转移到一个空旷点的地方，这样他就没法进行破坏了。注意，在这个过程中，**一定不要伤到孩子。**你表现得越冷静，你就越能更快地掌控局面。此外，最好不要多说话——你的话往往是火上浇油。

孩子小并不代表就可以放任他们的不当行为。一些家长任由孩子咬打自己，而且还拿孩子太小或者孩子太伤心当借口。其实，如果你适时地阻止了孩子这种行为，事实上是为他们好。从长远来看，**如果父母连自身利益都不能维护，那么孩子的安全感也会大大降低**。所以，你要用冷静、慈祥而又坚定的态度来教育孩子，同时也应避免批评、责备孩子。

打骂大人或损坏财物通常都要承担后果，这不是在惩罚孩子，而是为了教育并弥补孩子所造成的伤害。（详见第5节，第114页）

在别人家里或者在公共场合，教育孩子可能比较困难。教育孩子时最怕的就是被人指指点点，但如果你因此向孩子屈服，孩子就会以为发脾气能解决问题。正确的做法是，如果孩子在公共场所发脾气，你要么等他平静下来，要么带着孩子一起离开。

小节回顾

孩子不高兴时，你可以用反映式倾听和拥抱。

如果孩子仍然很生气，那就用情绪管理策略。

如果"情绪管理"也没有用，那就让孩子释放情绪，等他平静下来后再安抚他。

教孩子学会自我控制情绪相当难。孩子情绪一激动，他就会不听话，而且很粗鲁。你可能会觉得没有必要去拥抱、安慰或关心这样不乖的孩子，有时你可能忍不住要给他一巴掌，但是，我们是成年人，我们应该有成年人应有的行为。当然，安慰孩子不意味着事情可以不了了之，你应该在双方都冷静下来后，再跟孩子讨论对错，具体请看下一节。

正如美国作家欧玛・庞培所说：**"孩子在最不值得爱的时候最需要爱。"**

4 规矩：事先定好规矩，大人省心孩子不哭闹

也许每位家长都经历过这样的情况：

没有孩子愿意听家长的话乖乖回家。图中男孩不是故意想让爸爸生气的，而是他有着所有孩子的天性，也喜欢跑跑跳跳、上上下下。秋千、滑梯和公园里玩耍的孩子们像磁铁一般吸引着他。

爸爸从现在开始越来越生气，因为他还要吃晚饭，要看邮件，他可能又冷又累，只想回家。不管爸爸自己有没有意识到，其实他已经开始爬上愤怒之巅。而小孩子呢？他根本不知道爸爸的安排。他正玩得兴高采烈，他像其他孩子一样，喜欢无拘无束地玩耍。

毫无疑问，爸爸现在火气更大，很不高兴。在他看来，儿子既叛逆又没礼貌。人之常情，爸爸脑袋里都是自己的安排——这让他更疲劳、更烦躁。现在爸爸开始冲着孩子大叫并威胁他。

　　一瞬间，孩子意识到自己闯祸了，他想："爸爸真的很生我的气！"孩子的警报被拉响，智力水平也瞬间下降，像是一只受到惊吓的小狗。他仍想待在公园玩，但也怕爸爸生气，只能采用一种幼稚的处理方式——逃跑。

　　现在他们两个都很气愤：爸爸责骂儿子没礼貌，并威胁孩子要惩罚他；小男孩边哭边觉得生活太不公平了，并暗自思考，"爸爸讨厌我是因为我是一个坏小孩。"就这样，双方都成了失败者。

　　除了前文讲的方法之外，防止此类不愉快发生还有一个好办法——事先定好规矩。它由学习行为专员诺埃尔·贾尼斯-诺顿研究，也是我个人最喜欢的育儿技巧，无论对我的生活还是工作都起到了重要作用。

为什么要事先定好规矩?

　　你需要找个时间思考接下来几天的计划以及可能出现的状况，比如：女儿睡前想再听一个故事，儿子会在超市缠着你买零食，或者儿子和另一个孩子打起来了。你可以时常有这样的担心——因为同样的问题可能会不断出现。只要预知到可能出现的问题，你就可以更好地避免这些问题发生。

当你在思考可能出现的问题时，你其实已经在着手为孩子定规矩了。无论大人还是孩子，如果能预见未来，我们将会生活得更加从容。如果你在火车站，不知道你要乘的那一列火车会在什么时候到达，是几分钟、几小时还是明天，你会很放松吗？但很多人的童年就是这样过来的——我们往往不知道下一刻会发生什么事。

因为儿童不能自行满足自身的多数需求，所以他们需要依靠身边的大人。他们可能会担心自己不喜欢的事情发生，或者担心得不到自己想要的东西。活泼好动的孩子担心得更多，而随和的孩子担心的通常都差不多。无论孩子的本性怎样，**如果你告诉孩子接下来可能会发生什么事情，他们精神上就放松多了，并且更愿意与你合作**。在帮孩子做好准备的过程中，他们可以得到大量的正面关注，这也正是每个孩子所需要的。

想一想，我们是不是总是犯这样的错误：对待问题的发生，我们不当回事，常常是等到大难临头时才意识到问题的严重性？如果你或者孩子近期曾登过愤怒之巅的话，你们就更要用"事先定好规矩"这一方法。

怎样事先定好规矩？

为了使事情顺利进行，你要先问孩子一些问题，比如"你该怎么做？"这比直接告诉孩子做法更有效。当你询问孩子对未来的看法时，他就会设身处地思考自己需要怎么做。因为只有这样，孩子才会觉得自己有充分的生活自主权，并会投入更多的注意力，从而印象更加深刻。

即使个别问题没能提前预测到，但每天晚上都为第二天预先做好准备也非常有用。你只需要确保孩子知道明天的计划就行。你要多提醒他们，否则孩子会忘记这些计划。

☺ **跟孩子说话一定要明确、具体。**

定规矩的第一步是组建一支家庭管理团队。想想公园小男孩的例子，他的爸爸其实要站在孩子的立场上看待问题，要让孩子知道被叫回家后要做什么事。虽然妈妈没有在公园里，但她过去遇到相似的问题时，说不定用了什么好办法让孩子乖乖回家，爸爸也可以学一下！需要注意的是，两位家长最好按同一个方案执行，这样，孩子获得的信息才具有连贯性。此外，家长对孩子的期望也要实际一点，仅仅在公园叫一次就期望孩子乖乖跟自己回家，这样的要求对孩子来说或许太高了。

这个例子中，爸爸虽然不断地催促孩子回家，但并没有采取实际行动。而男孩呢，他并不完全清楚自己何时应该按爸爸说的去做：我应该立刻去爸爸身边吗？如果是，那为什么爸爸还能再等5分钟呢？为什么之后我还能多玩5分钟呢？为什么爸爸早不发火晚不发火，偏偏在那时候发火呢？

从孩子的角度看待问题，要想让孩子对大人言听计从，那么大人跟孩子说话时，语言就**要明确、具体，最好事先提醒一下孩子。**

事先提醒对孩子来说非常有用，它可以使孩子及时为即将发生的事做好准备，同时也有利于提高他们的时间意识，比如你可以每隔一分钟或十分钟给孩子提出一次警告，即使目前没有深刻的认识，终有一天，孩子便对时间这一概念有所了解了！

☺ **跟孩子好好聊聊。**

如果你想到一个好办法来应对各种突发情况，你需要与孩子共同讨论这个办法是否可行。下文图示中，爸爸与孩子单独交谈的方法就很好——如果两位家长都参与的话，一些孩子可能会觉得他俩是串通好的。爸爸让孩子坐在腿上，抱着孩子，这让孩子有了安全感，同时也避免了眼神交流，可以增进感情、减少冲突。**这种交谈的目的并非是为了证明孩子的错误，而是为了改善孩子的行为。**

交谈过程可以使用本章第1、2、3节中的沟通技巧。爸爸可以一改自己的作风，用描述性语言表扬孩子的态度及有趣的点子，并耐心倾听孩子的苦衷。此外，他还需要避免与孩子争吵。

在交流过程中，你应该尽可能地延长谈话时间！长时间的交谈才能让孩子真正思考你所说的话的含义。你现在的付出是为以后节省更多时间，所以，不要惦记着其他事情！

首先，爸爸需要让孩子愿意跟自己交流。最好的一种方法就是**提供几个选项供孩子选择。**

爸爸不确定孩子有没有做好思想准备，所以，他让孩子自己作出选择，这让孩子觉得自己得到尊重，在心态上便更愿与爸爸合作。

晚饭后……

现在到谈话时间了，你还记得我们要谈论的内容吗？

我不想谈公园那件事。

爸爸可能会说："但也是你说饭后要跟我谈谈的！"或者"不管你喜不喜欢，我们都要谈！"但是这些话会导致双方发生争吵，爸爸也知道这只会两败俱伤。因此爸爸先对孩子进行了表扬，并运用反映式倾听和细心安慰的方法来解除儿子对谈话的担忧。

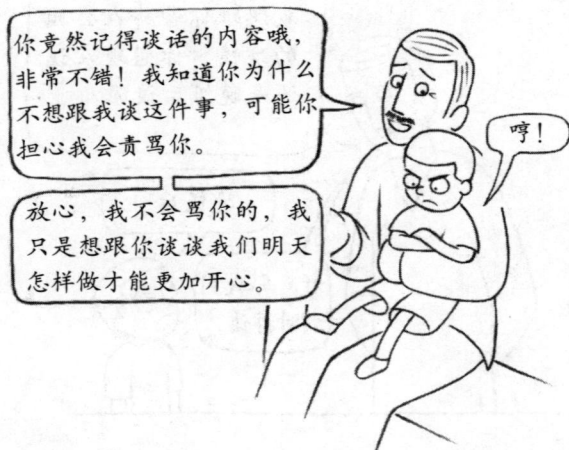

你竟然记得谈话的内容哦，非常不错！我知道你为什么不想跟我谈这件事，可能你担心我会责骂你。

哼！

放心，我不会骂你的，我只是想跟你谈谈我们明天怎样做才能更加开心。

现在小男孩有机会说话了，他说出了自己的不满，责备爸爸干扰自己玩耍。

听到这话，爸爸第一反应是辩护或者向孩子解释，但这只会引发无意义的争吵，从而违背谈话的初衷。因此爸爸把自己的本能想法放在一边，尝试用反映式倾听。

现在男孩觉得爸爸很理解自己。不用说，这并不意味着爸爸赞同儿子在公园里的做法。所以，他就要提出一个具有引导性的问题。

同样，爸爸可能会向孩子解释吃晚饭的重要性，或者列出所有必须回家的理由，但这只会引发另一场纷争。因此，爸爸要认可孩子可能不饿的事实，然后继续提问。

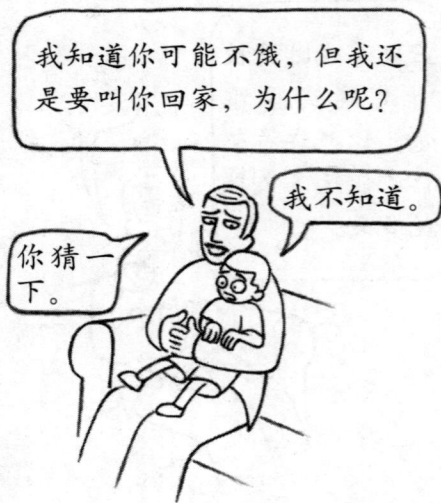

当你让孩子猜测时，你已经离成功越来越近了。你事实上是在表达："猜一下，错了也没关系，只是猜猜而已。"

> 因为你很饿。

> 对，这是一个原因。

孩子猜得不是很好，是吗？天真幼稚的小男孩将全部责任推给爸爸，但爸爸更聪明，他并没有教训孩子，而是默认了孩子说的话。

> 我想待在公园里玩，乔治都可以！

> 你认为我会怎么回答你呢？

小男孩用上全部的挡箭牌，现在又拿乔治来顶着。难道爸爸不知道乔治可不可以待在公园吗？但是，爸爸还是应该更加成熟老练，他才不会上当呢。爸爸就公园的事情提出了一个引导性的问题，让孩子自己思考回家的正确性。

你会说不行！

你说得对，我会说不行。

这不公平。

爸爸明白，孩子说的是气话："这不公平"真实意思可能是"我不喜欢"。因此，与其与孩子争论公平性的问题，爸爸还不如使用反映式倾听。

是的，这可能会让人觉得不公平。你说得对，让你不玩确实很困难。但我有个建议，或许可以帮你玩好游戏再离开。也许你也想出一个办法来了？

嗯……

因为孩子得到了爸爸的同情与理解，而不是批评。所以，他现在已经做好了准备，并思考有没有更好的方法来处理问题。

> 或许在走之前你可以提醒我五次？

我们通常的反应会是："五次？这么多！你开什么玩笑！"但爸爸对情况很了解，他又发现了可以表扬孩子的地方！

> 我喜欢这个想法！提前通知你确实是个好主意。我觉得给你两次提醒就够了，你想让我提前10分钟和5分钟提醒你呢，还是提前5分钟与1分钟呢？

如果孩子想不出办法怎么办？在这种情况下，爸爸可以提出自己的想法，但是得事先征得孩子的同意。以我的经验来看，当孩子在没有外在压力的情况下，他们会很高兴听你的话。

男孩太希望能我行我素了！爸爸满足了他的这种心理。何乐而不为呢？

> 提前5分钟与2分钟吧。

> 好的，那你到时来到我身边，我会给你一个大大的拥抱和一个亲吻。如果你2分钟后还不回来，那该怎么办呢？

爸爸对可能发生的事情有足够的先见之明，尽管与孩子进行了长时间的对话，孩子仍然不一定会遵守自己的承诺，因为孩子只要受到诱惑，就会经常忘记自己定的目标。提前讨论这种可能性将会让事情更好办。

不出所料，小男孩不会主动承担违背承诺的后果，他更希望一切都安然无恙。

没什么要办的。

到时肯定会发生什么事情。

你只要告诉我这是最后一次提醒，我就会跟你走了。

爸爸跟孩子定规矩，儿子如果不遵守诺言，就要承担后果。这里的后果包括很多种，例如在公园耽搁的时间越长，则睡前故事时间就越短。

主意是不错，但如果你不按时回家，就会浪费很多时间，我只能相应地减少你睡前听故事的时间，给你讲一个短一点的故事。

好的。

　　这个交谈对爸爸来说并不容易，主要的难处在于：即使孩子不断挑战他的底线，他也要尽量避免与孩子发生冲突。爸爸努力克制自己的好胜心，用积极的沟通技巧帮孩子养成了良好的协作精神。和其他生活技巧一样，这类交谈进行得越多，你就越能应对自如。

　　如果你的孩子对这类交谈很反感，你可以中止谈话，过后再交流。毕竟，事先定好规矩是用提前投入时间与精力来换取长期的效益，而且，有时你的投入量会超出你的预计。

☺ **给孩子一个简短的提醒。**

　　有些孩子记性比较差，对于他们不喜欢的事情尤为健忘。爸爸很聪明，在下次去公园之前提醒一下孩子他们的新计划。

出发之前：

你还记得离开公园之前我会做什么吗？

会提前5分钟提醒我一次，提前2分钟再提醒我一次！

是的，那你会怎么做？

　　爸爸选择向孩子提问而不是告诉孩子具体的计划，这样他就能知道儿子到底记不记得所讨论的事情。**只有孩子重复自己做出的承诺，到时他才更有可能遵守自己的约定。**

如果小男孩忘记之前的承诺，该怎么办？爸爸可以问一下孩子是否需要提示。如果男孩愿意合作，他就会很高兴地让爸爸提示。如果男孩不愿意合作，爸爸就要等到孩子答应之后才能出门；如果没得到孩子的肯定答复就出门，麻烦还会出现。

现在爸爸让孩子思考离开公园时的感受，为了回答这个问题，儿子要设身处地地思考，这能教他在面临抉择时做出正确的举动。

爸爸使用描述性赞扬并以友好的态度结束了对话。男孩会在爸爸两次提醒后回到爸爸身边吗？我们无法得知。但孩子的逆反心理应该不会太重。

🐼 购物

与孩子一起逛超市一直是场噩梦，不仅给我造成很大压力，孩子也很厌烦。此外，这还让他们有充足的理由调皮捣蛋。我以前总让海蒂牵着我的手，但她动不动就跑到别处去了，奥利维亚则又哭又闹。她们让我买这个买那个，我一不答应，她们就会嗷嗷大哭，这让我觉得自己很不称职。

然而，现在我们去超市之前，我使用了"事先定规矩"的技巧，询问孩子她们应该怎么做。我也问了海蒂我们怎样做才能让购物更愉快。现在，她会帮我挑选食物，我让她选下一个星期想吃的水果。然后我用描述性的语言表扬她能干、聪明。

我也允许孩子选择一种健康的即食食物，比如香蕉之类的，这样，她们不仅可以帮我拿着香蕉，而且出了超市门就可以吃。现在购物对我们来说变成了一件快乐的事，真是不可思议。

丽贝卡（女儿海蒂5岁、奥利维亚3岁）

你需要为哪些事定规矩?

你要为一切可能出现的问题事先定好规矩。许多家长都有过切身体验，对日常生活中出现的问题，例如早上起床、做作业、吃饭、做家务，等等，做好充分的事前准备会省不少力气。你也可以对即将出现的新问题定好规矩，例如拜访新朋友、看医生、去饭馆吃饭或者家庭度假等。

需要定什么样的规矩取决于孩子的年龄与性格，总的来说，对付精力过剩的孩子，你定的规矩要更详细、更具体，因为他们总会给你制造一些新情况。

一些孩子不喜欢动来动去。他们讨厌上床睡觉，也讨厌早起下床，他们讨厌洗澡，但一进去洗澡又讨厌出来。相比其他孩子来说，他们更需要知道接下来的安排。**给予孩子思想准备会让他们有更多的安全感，也会让孩子更乐意与你合作**。所以，请事先为他们定好规矩，越详细越好。

大事也要事先定好规矩

如果你的孩子开始面对很多现实问题，例如转学、移民、某个亲人即将离世或者父母离异等，你应该尽力让孩子提前做好心理准备。即使是我们觉得兴奋或者快乐的事情也可能会给孩子造成不安，这些都需要我们提前跟孩子讲清楚。

你可能自己还未理清头绪，所以很难与孩子进行讨论。但是无论这对你来说有多么困难，**孩子获得的信息越多，他们就越有安全感**，从而全家人都能更好地度过这个时期。孩子有时会问一些问题，你一定要诚实回答，这样可以为他们排除错误的信息。孩子需要在过渡期得到关爱与支持，也需要知道任何错误都没什么大不了。反映式倾听（第67页）在这种时候会非常有用。

🐼 父子的一段闲聊

我儿子迈克去年进了橄榄球队，每逢星期天，队里就会进行训练。渐渐地，他喜欢上了这项活动。不久，我成了这支球队的教练，而且也很喜欢这份工作。然而，麻烦来了——儿子总觉得我在球队做的任何命令都是针对他的，所以他总是抱怨说："这不公平！"在训练过程中，迈克一埋怨，我就严厉批评他，但这一点儿用都没有，只是火上浇油。考虑到这件事对我们两个人都有影响，所以我一直想找个办法解决。

学了"愤怒之巅"后，火山的图像浮现在我面前。火山喷发正如脾气爆发一样，危害极大，除了尽可能地降低损失之外，别无他法。

这让我认识到，只有事情平静下来时，才是处理问题的最佳时机。开车从我家到球场要走二十分钟，就像孩子放松时容易哄他入睡一样，在路上的这二十分钟也是父子闲聊的好时机。我利用这段时间问了迈克什么是"不公平"，在放松的状态下，他说到有队友故意踩他的脚或者别人有的机会而他却没有。

我也鼓励他站在裁判、老师和家长的角度看问题。当然，有时我们会有不同意见，但我们都尽力温和地沟通。或许他自己也曾经不小心踩过别人的脚，或者在他没信心时却得到了一次机会。最后他聊到自己讨厌某个说话不算数的英超足球队员，他还得意地说："橄榄球队员才不会这样呢！"

上周，我和迈克之间还有些隔阂，而现在，他一心放在两周后的巡回赛上，也许备赛时他就不会有抱怨了。

弗雷德（儿子迈克8岁）

小节回顾

我们的目的不在于证实孩子犯过的错误多严重，而在于让孩子沉稳面对以后的生活。"事先定好规矩"能帮你实现这一目的，具体来说，主要有以下几个方面：

- 家中大人制定共同的规矩、目标。
- 与孩子谈心，并就规矩中的细节与孩子协商。
- 顾及孩子的感受。
- 充满爱心。
- 少一些说教，多提出问题让孩子思考。
- 尽力避免争吵。
- 对孩子做出的努力及时进行描述性赞扬。
- 当孩子埋怨、不高兴或者生气时，使用反映式倾听并安慰孩子。
- 制定相应后果措施，以应对孩子违背规矩的情况。
- 事情发生前，给孩子一个简短的提醒。
- 出现失误时，不要失望，应及时反省并改正错误。

5 奖罚：要轻重恰当，孩子才能心服口服

即使是最和睦的家庭，孩子也有调皮捣蛋的时候，比如上学迟到、忘写作业、一到家就把书包扔在地板上、生气时又哭又闹、偷偷玩新买的电子游戏机、洗完澡后把毛巾扔在地上、不安安生生吃饭，等等，这些大大小小的事都需要你的教导。

家长生气时会想尽办法让孩子听从自己的吩咐，并向孩子解释原因，如果没效果，就会吓唬孩子。这个办法有时管用，但是吓唬听起来一般像是在责骂孩子，会引起孩子的反感，随后，家长便开始威胁孩子。

惩罚不等于威胁

当我们爬上愤怒之巅时，已经不理智了，通常只会威胁孩子。有时，家长只是吓吓孩子而已，并不会真的去惩罚孩子，孩子也同样知道这一点。次数多了，孩子便意识到家长的话不能全信，不用太当真。但如果家长突然有一次又确实惩罚孩子了，孩子则觉得难以接受："爸爸威胁了我好多次了，但从来没有真的惩罚过我。可他为什么现在又突然惩罚我了呢？"这让孩子很困惑。

家长生气时也通常都会惩罚孩子，而且往往都会很重。当被惩罚时，孩子会感到不满甚至害怕。此时，孩子甚至可能会讨厌自己的父母。事实上，确实有很多成年人由于童年受到过家长的处罚，至今仍然对自己的家长心存怨恨。也有的孩子则通过躲家长来避免自己被惩罚，这种心理上的逃避可能到了成年后还存在。我并不是说惩罚一定会损害你与孩子之间的关系，但如果有一个既积极又有效的办法，那不是更好吗？

本节将教你用积极的方法解决育儿中出现的问题。首先，请看下页表格，看看你学到的每项技巧是否用得对。很多家长都以为自己已经试了一切办法，但事实上他们连一小部分都没有用上。这并不是他们的错，他们的父母都很少用积极的育儿技巧教育他们，那他们又怎么可能了解这些育儿方法呢？

矫正育儿技巧，少走弯路少烦恼

育儿技巧的使用方法与效果因人而异，为了使其发挥最大效用，你需要认真思考你希望孩子在哪方面有进步，同时，结合下表进行调整，找出最佳解决方案。

如果孩子的言行不恰当，那你可以看看是否有下表中的问题。

想一想	可能存在的状况	解决方法
你的孩子身体状况是否良好？	你的孩子可能处于饥饿、疲惫或伤心状态中，所以他们很难表现良好。	想一些实用方法，比如：有些孩子放学后可能会很饿，你可以让他们买些健康的零食。
你的孩子是否知道将要做什么事并明白自己要怎么做？	家长通常会高估孩子的理解力和记忆力。	对即将发生的事进行引导性提问，并适时给予赞扬。同时，事前进行简短提醒。
相关成年人对孩子的教育理念是否一致？	父母双方、老师或其他成年人对孩子的教育观点也许会出现冲突。	为避免孩子出现行为混乱，所有相关成年人的教育观念需达成一致。
你是否心平气和地对孩子表达自己的想法呢？	你也许会失去耐心、大动肝火，但这只能让孩子更加排斥你。	在你做出吩咐前，你可以使用描述性赞扬，柔和讲话并避免冲突。
你是否在努力避免与孩子发生争吵？	也许你不知不觉地与孩子争论起来，但这只能让他觉得不能认输。	牢记你的目的：不是输赢，而是进步！因此，要尽量避免争吵。

想一想	可能存在的状况	解决方法
你对孩子的期望值是否合理？	有时你会让孩子做一些超出其能力的事，如果他没做到，你就很失望。	将你的期望划分为几个小目标，比如，好好吃饭两分钟，随后时间渐渐延长。
你是否为孩子树立了一个好榜样？	有时，你要求孩子遵守原则，而你却违背这些原则，孩子才会效仿你。	教育孩子的同时也要改善你自己的行为，否则只能让孩子失去衡量标准。
孩子是否无事可做？	你的孩子也许觉得很无聊，所以才表现不好或者与他人发生争吵。	尽可能为孩子营造一个安全的娱乐环境。你可以与他们一起玩耍，以免他们无事可做。（参见第8节）
孩子听话时，你是否给予了足够的描述性赞扬？	也许你对孩子之前的言行太失望以致忘记使用描述性赞扬。	你需要每天给予孩子至少十次的描述性赞扬——你终会见到成效！
你是否不仅夸奖了孩子取得的成就，还对其付出的努力进行了赞扬？	也许孩子觉得事情难度太高，所以才会放弃。	夸奖孩子做出的努力才能激励孩子继续前进，即使不能立竿见影。
你是否通过肢体语言对孩子表达了足够的关怀？	也许你太疲惫，以致懒得表达。	你可以寻求帮助以更好地教育孩子。

想一想	可能存在的状况	解决方法
在孩子情绪低落时，你是否运用了反映式倾听？	你也许对孩子不太满意，以致忽略了他的情感需求。	你的孩子遇到了一个麻烦，并不是说他本身就是麻烦！所以，你应使用反映式倾听，以免爬上愤怒之巅。
你是否有控制情绪的策略？	也许你希望一切顺利，从而忘记了教孩子消解怒气的方法。	在大家都情绪稳定时，一起讨论控制情绪的方法。
你是否在运用策略时有充分的耐心？	你也许在尝试一两次之后发现毫无作用，便尝试了其他方法，结果可能是前后矛盾。	即使未见成效，也要注意保持技巧的连贯性！

或许你还能想到更多类似的问题，这对激发孩子改善行为来说是非常重要的。浏览上表并及时调整育儿技巧，你会迅速取得成效。持续使用这些方法，并认可自己所取得的每一点进步，育儿将变成一件快乐有趣的事。

教孩子在后果中吸取经验

出于好意（排忧解难，学业顺利，免遭嘲笑，避免丢三落四等），你可能希望孩子按你的方法做事。

下图中的妈妈想让孩子穿上外套，但孩子不领情。即使他勉强答应了，他也不一定会感谢妈妈的建议与关心。孩子喜欢我行我素，如果你硬要他们听从吩咐，通常都会以泪水收场。

当你的孩子不愿穿外套时，当你的孩子不愿吃早饭时，或者当你的孩子不想睡觉时，你首先需要考虑的是——你能不能忍心放纵孩子的行为并让其从中吸取教训，比如受冷、挨饿或者受累。

让孩子多经历几次这种后果，你可以少费很多口舌。孩子并没有你想象中的那么脆弱，也或者他确实不太饿，或者相比其他同龄的孩子，他并不需要那么多的睡眠。

让孩子承担其行为所产生的后果并不意味着当孩子遇到困难时，你不需要用心告诉他解决方法。你完全可以帮孩子提高条理性、社交技巧等。但是，总为孩子扫清成长道路上的障碍也不是办法，因为这样不仅会增加你与孩子之间的冲突，也是在剥夺孩子自我学习的机会。

☺ **什么情况下可以让孩子自己去承担后果？**

很多家长觉得，让孩子自己去承担事情的后果对孩子的成长会非常有利，比如：

- 丢失玩具和其他不重要的东西。
- 上学时忘记带作业、饭盒或者泳衣。
- 不小心洒出或者打破东西。
- 穿了与场合或天气不合适的衣服。
- 拒绝吃早餐。
- 粗鲁对待朋友。
- 参加聚会迟到。
- 没有完成作业。
- 早上磨磨蹭蹭导致上学迟到。

同样，你要与家人一起决定是否让孩子面对这些事情所导致的后果。令人惊喜的是，当你退到幕后，让孩子自己聆听音乐时，他们通常都会翩翩起舞！

家庭作业和上学迟到这类问题也要让孩子自己承担后果。这是因为，现实中很多家长会花费大量时间与精力代替孩子做这些事情，小心翼翼地避免孩子的童年中出现不愉快的记忆。

当然，我不是提倡忽视对孩子的教育。我想说的是，学校深思熟虑为孩子设置的成长体验却被家长屏蔽起来，从而限制了孩子责任感和自信心的培养，久而久之，孩子就乐于将责任留给爸爸妈妈，并相信父母能顺利完成这些事情。早晨，这些孩子可能对时间没什么概念，不知道上学要带什么东西，也不清楚做好准备要花多长时间，更不知道何时出发才能不迟到；而家长总忍不住关心孩子，比如：不断提醒孩子不要玩弄勺子，赶紧吃完早餐，这些提醒让孩子变得不耐烦。这样，家长不仅压力大，而且也得不到孩子的感谢。错误发生时，还经常引来孩子的责怪。

　　提升孩子学习能力的最佳途径是培养其良好的行为习惯，例如早晨固定事务的处理，做作业时不能看电视或上网，睡前准备好第二天上课要带的东西，按时上床睡觉等。只要养成了这些习惯，如果你的孩子仍然在早晨磨磨蹭蹭或者忘记带作业，你就应该让孩子从自己的行为后果中吸取教训。你可以让他做他认为正确的事，这样，即使没听从你的建议，他也不会不耐烦。**如果这种选择最后证明是错误的，你也不要批评他，而要适当安慰他——因为他已经知道错了！** 由于你从头到尾都很照顾他的情绪，孩子就不会老想着为自己辩护，甚至还可能会主动承认自己的错误。

🐼　"我本该听你的话的！"

　　即使我提前警告孩子，他们也不会作出明智的选择，然而，在我们家学习了育儿技巧之后，这种情况出现了很大转变。

　　现在，孩子犯小错时，即使我内心并没有那么同情，我也会向孩子表达我的同情心，同时，我会使用反映式倾听。结果呢？他们更愿意听我的话了！

　　比如，经过我的反复建议，孩子还是没穿外套就出去了。几小时后，孩子全身发冷、颤抖着回来，一副可怜巴巴的样子。要搁在过去，我肯定会脱口而出："早就告诉你带件外套，还不听我的话，你看……"这种反应只会让孩子反感，而且脾气暴躁，或者开始跟我吵架。

　　现在，我会心平气和地说："噢，你肯定很冷，来，让我抱抱你，这样，你就会暖和点。你一定觉得很难受。"
孩子喜欢这样温情的回答，因为尽管他对室外温度判断错误但回到家还是受到了欢迎。我心里也不会感到难受，甚至有时我还得到终极回报——在孩子暖和过来后，他承认："妈妈，我该听你的话的！"

莎莉（四个7~16岁孩子的母亲）

☺ **保护孩子，远离危险或不可接受的行为。**

即使你像我一样，坚信孩子需要承担应有的后果，你肯定也不会让自己3岁的女儿玩火或者2岁的儿子在街上乱跑。你会阻止他，并尽自己最大的能力不让这些行为再次发生。

但仍有其他幼稚的行为位于中间地带，介于我们让孩子获得体验和对孩子的安全造成威胁的行为之间。通常情况下，你的孩子做的是不危险但仍不能接受的事情，比如在卧室墙上乱涂乱画，剪坏还能穿的毛衣，把妈妈的化妆品都倒在一个瓶子里，或者把食物扔在地上，等等。如果你发现孩子正在做这些事情，你应该立刻制止他们！

一些孩子在你呵斥的那一刻就会停止，或者见你一靠近他们就立刻停手。但多数孩子依然我行我素。结果家长声调越来越高，然后大声威胁孩子，甚至动手打孩子。在事件的整个过程中，孩子只会认识到他根本不必在意家长的第一个"不行"，因为接下来会有更多的"不行"。看看下图这个例子。

爸爸只是单纯地口头斥责，并没有采取任何实际行动去阻止孩子，所以小男孩觉得不需要理会爸爸，自己可以继续按门铃。他甚至可能会为得到爸爸的关注而暗自窃喜。

如果在你警告后，孩子仍然我行我素，那就没必要再白费口舌了，直接采取行动会更有效——轻轻地拿开钢笔、化妆品、食物，或者把孩子带到其他地方。尝试转移孩子的注意力或者让他们做别的事情，都可以使孩子不那么伤心。但如果他们哭闹起来，你就没办法了。所以，最好的办法是这样的：

因为爸爸并没有批评孩子，而是冷静、温和地告诉孩子门铃的用法，所以，孩子反而不会大哭大闹。但是有些孩子却不一样，不管我们的态度多么温和，他们还是会不高兴。发生这种情况时，一定要避免与孩子起冲突，否则，事情只会变得更糟。**你要尽力克制内心的失望，并将孩子的失误当作是他们没学会用正确的方式满足自我需求的缘故**（图中男孩可能希望自己去探究、玩耍或者自己安排生活）。了解这一点之后，你便在行动上减少了对孩子的潜在伤害，而且在孩子冷静之后进行教育会事半功倍。

等到一切都恢复平静，你就需要教育孩子以后如何避免犯同样的错误，因为仅仅寄希望于靠时间来修正孩子的言行是不够的，最重要的是对错误的行为采取实际措施。

怎样制定你自己的家规？

良好的家规是一个完美的体系，它通过反映全家人的价值观来使每个家人的需求得到满足。例如，进餐礼仪反映了你对营养、归属感以及得到关注的需求，但你吃什么、怎么吃，却与你的文化、信仰、个人价值观有关。每个家庭的规矩各不相同，所以，你需要为自家量身订制一套家规。

如果你与伴侣共同抚养孩子，那你们双方需要做的第一件事就是——对家规的观点达成一致。要做到这一点，你们要一起思考你们的目标以及想要用的方法。文化背景、家庭教育不同的夫妻双方，在育儿过程中通常会出现很多分歧。这就需要开发思维，制定两全其美的家规。

家规一定要详细，内容主要包括：你对孩子的期望，孩子应该怎么做，孩子遵守规矩时会得到什么奖励（一些愉快的事情或者回报），孩子不听话时应该怎么办（一些不愉快的事情或者后果）。

任何规矩都要符合孩子的年龄、能力水平。这样，孩子才能受到激励。如果家规对孩子来说太难，那他就会不断违反，后果可想而知——不仅没能达到教育的目的，还会引来孩子的埋怨。**要想建立合理的家规，必须充分了解孩子的心理，并将违背家规所应承担的后果降到最低**。只有这样，我们才会在生活中发现大量表扬孩子、奖励孩子的机会。随着时间的推移，这些良好的行为就会演变为一种习惯。

表面上看，家规是为孩子制定的，而事实上却相反，**家规其实是为家长制定的**。家规是死的，人是活的，你永远没办法控制孩子的行为，你所能做的只能是控制自己的情绪与行为。因此，即使你很疲惫或者很忙，而且孩子又纠缠、抱怨或乞求你改变主意时，你也一定要遵守定好的规矩。除非有明显的错误，否则你需要坚持使用既定家规至少一个月，以保证其连贯性。制定规矩的内容、奖励的方式和所要承担的后果相当容易，但要坚持下来就很难了！

举个简单的规矩：每个家庭成员都必须在饭后将自己的碗筷放入洗碗池。只要小孩照做了，他们就可以去自由玩耍。但如果孩子离开了饭桌，却没收走他的碗筷，那么他就必须在洗碗池内多放两个要洗的碗。这类规定适合那些乐于配合你但比较健忘的孩子。此外，你还可以让孩子额外做点家务（比如摆好桌椅、扫地等）。看起来很简单，但都需要家长坚持监督才能执行下去。

在定规矩之前，你需要考虑到孩子的能力。**一项规矩的目标只是让孩子在一个方面进步一些**；当他们在这方面的能力得到提升时，你可以慢慢抬高标准。

☺ **邀请孩子参与制定规矩。**

如果你的孩子还很小，制定家规时就可以不用孩子参与。随着孩子年龄的增长，他们的参与度也该相应提高——因为**我们的目标不仅仅是让孩子遵守规矩，更重要的是让整个家庭更和睦、更快乐。**

制定家规时，首先需要家庭管理团队大致思考一个方案，然后再与孩子一起讨论，切忌泛泛而谈。总体程序是：摆明问题；询问并记录家中所有人的观点，并列出自己的观点；然后对各个观点加以讨论，评估其可行性，并加以完善；最后选择支持率最高的一个方法。

不要轻视任何一个想法——通常看似最不可行的办法经过修改后往往却最有用。只要孩子有机会参与解决问题，他们的创造性思维、丰富的想象力以及坚定的决心都会让你感到惊讶！

🐼 **"我们"定的规矩**

过去，我经常说："这是我的家，我定的规矩。"现在我经常说："这是我们的家，我们定的规矩。"因此，我的孩子会觉得自己是这个集体的一员。在某种程度上，过去像是专制统治，现在我们更像是团队协作。

米娜（两个未成年孩子的母亲）

☺ **记录家规的内容和完成情况。**

一旦对家规达成一致，就把内容以及因未遵守规则而产生的后果记在一张纸上。让每个人都在上面签名，然后将这份手写协议贴在每个人都可以看到的地方。否则，你们会忘记这些规则，从而将全部努力化为乌有。对于不识字的孩子，你可以用图片来辅助他们阅读。

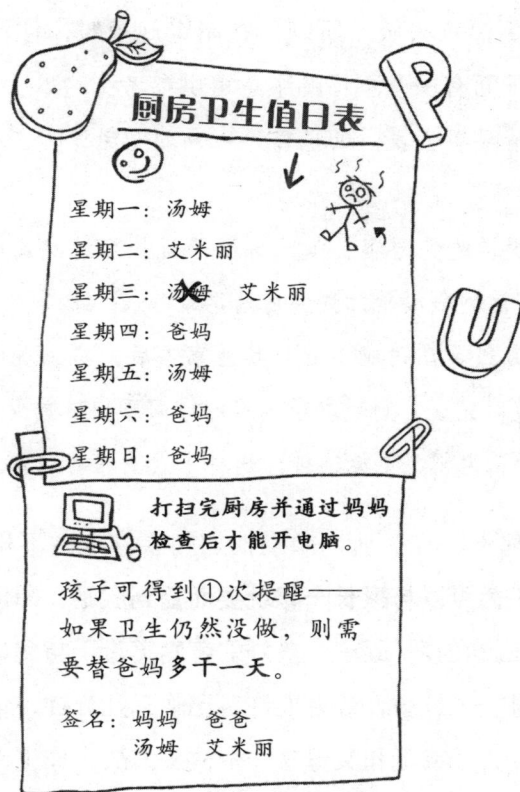

厨房卫生值日表

星期一：汤姆

星期二：艾米丽

星期三：汤姆　艾米丽

星期四：爸妈

星期五：汤姆

星期六：爸妈

星期日：爸妈

打扫完厨房并通过妈妈检查后才能开电脑。

孩子可得到①次提醒——如果卫生仍然没做，则需要替爸妈多干一天。

签名：妈妈　爸爸
　　　汤姆　艾米丽

☺ **内容越详细越好。**

　　规矩一定要清晰地反映出你们对孩子的期望，"好好听话"或者"好好对待你弟弟"这类话就不够详细而且会有不同程度的理解偏差，最终往往会以你与孩子争论是否达标而告终。所以，规矩制定得越详细越好，比如"整晚都待在床上""不许打闹"或"要自己独立穿衣服"。

☺ **奖励要及时。**

如果在完成一项稍有难度的任务之后立刻有愉快的事情发生，那么，孩子会更愿意去做。所以，在制定规矩时，你可以用日常安排作为奖励。下面有一些不错的主意可供参考：

- 制定一份清早事务表，以早餐为动力，规定孩子自己穿衣之后才能吃早餐。
- 如果孩子提前吃完早餐，就允许孩子玩一个游戏或者做一些他喜欢的事情。这将鼓励他加快完成清早事务表。
- 晚上可规定孩子在完成作业与其他家务后，可以玩电子游戏。若作业没有按时完成，则玩电子游戏的时间要相应减少。这就避免了强行把孩子从电视、电脑前拽开这种令人头痛的问题。

每个孩子都不一样，所以激励他们的事物也各不相同。但**几乎所有孩子都会因为可以与家长一起玩耍而受到激励，即使仅仅几分钟也会让他们向往。**在孩子眼中，最好的奖励莫过于与父母玩一会儿游戏，听父母多讲一个故事，或者准许自己晚睡几分钟，早上在父母床上与父母多待一会，或者和父母来一个枕头大战。你也许不清楚哪些东西可以激发孩子的积极性，那为什么不去问问这些小家伙呢？这就可以确保你给孩子的奖励对他们来说是有意义的。

需要注意的是，**奖励应该尽可能与任务本身相关，同时最好不要用食物特别是糖果引诱孩子。**因为孩子会将食物奖励与得到家长的肯定联系在一起，这可能会让他们在未来生活中养成一种"安慰进食"的不良习惯。而且，如果你想用物质奖励来激发孩子，那么你就是在培养一个蛮横的小暴君，并教他凡事都要先尝到甜头才肯卖力。

如果你的孩子遵守新规矩，你就应该抓住这个绝好时机对孩子进行描述性赞扬。孩子内心充满着成就感的需求，而且他们也希望给他人留下一个优秀、能干的印象；你的表扬会让孩子明白——遵守家规是取得成功与获得别人赏识的绝佳办法。

🐼 做好上学的准备

我给七岁的儿子新买了一款游戏机，他整天爱不释手，一让他做点什么事，他就磨磨蹭蹭。但最大费周章的是早晨，其他几个孩子还好一些，就是这个最小的儿子，我每次都很头疼。所以，每天的早晨都是在我唠叨、他哭闹中度过，然后我把他塞进车里出发。

在学习育儿技巧之后，我意识到由于我总是被动地去满足他的每个需求，所以他并不清楚自己早晨的例行事务，也不理解我的希望和吩咐。另外，我渐渐明白了如果将玩游戏机作为完成早晨例行事务的奖励的话，能够激励他更快、更好地做好上学准备。

通过一步步的交流，现在这个小儿子已经清楚了早晨该干什么，他也知道如果提早完成事务，就有剩余时间可以玩他的游戏机了。因此，当孩子能够按时完成事务时，双方都皆大欢喜；但如果他没有遵守规则，那么早上就没有游戏玩。这个过去给我们带来了很多口角的玩具，现在不仅变成了孩子独立自主的催化剂，还发挥了其他的作用！

海伦（四个7～15岁孩子的妈妈）

☺ **星星图表用处大。**

在帮孩子培养新习惯时，你们可以用贴纸来作为对完成指定目标的奖励，目标是获得满页的星星。这一方法无论是在培养礼貌用语、做家务方面，还是教孩子学会乖乖做作业或晚上按时睡觉方面都有显著成效。当然，你也可以给孩子其他精神奖励，例如让孩子与你多待一段时间，这对孩子通常更有吸引力。

开始"星星图表"这一方法之前，你与孩子需要规定好哪些行为可以奖励一颗星星，哪些行为没有任何奖励。其中最好的一个办法是降低行为完成的难度，这样孩子可以逐渐获得更多的星星，图表很快就会变得很好看。即使有时并没有圆满完成任务，他们也可以因为努力付出而得到一颗星星。此外，不管何时何地，在你奖给孩子一颗星星的时候，不要忘了慷慨地使用描述性赞扬。

下面是一份为乔纳森制作的星星图表，这个孩子很黏人、不够独立。注意：孩子每一个正确的行为都要用具体的语言告诉孩子，这样更容易让孩子知道他是为什么得到星星的！孩子因为小小的成功而得到一颗星星，从而会产生荣誉感，并不断进步。

乔纳森学会更加独立的过程	
6月6日，星期二	
*我自己一个人玩了2分钟	☆☆☆☆☆☆☆
*我自己从房间取了东西	☆☆☆☆
*跟妈妈说"再见"的时候没有哭	☆☆
*我整晚都乖乖地待在床上	

只要孩子得到一颗星星，即使他随后又调皮了，你也不应该反悔。如果你把星星拿走，你就会面对孩子无尽的恳求。对孩子不恰当的行为，你可以用其他方法来解决。

🐼 星星图表创造奇迹

我妻子上的是早班，因此管理孩子们早上的日常事务便成了我的职责。让三个孩子做好上学的准备对我来说格外费劲，这也一直是我们压力与不安的来源。

在我们尝试运用新的育儿技巧时，两个年龄较大的儿子已经差不多可以生活自理了，只有最小的托比需要我们不断地鼓励他。他过去一起床就直接下楼，然后一动不动地杵在电视机前。我通常会告诉托比要做什么早餐，如果他心情不好，嫌我打扰他看电视，我们之间就会爆发一场战争；如果他不喜欢早上的饭菜，他会坚决表示反对。只要我们"商量"好早餐吃什么，他就想坐在电视前吃饭。我亲切地叫他来厨房的餐桌上吃饭，但他几乎不听我的。接着，我便多叫几次，嗓门越来越大，也越来越生气。为了解决这个问题，我使出浑身解数——忽视他的不当言行、转移话题或者对孩子大吼大叫，等等，但这只会让孩子以牙还牙。其他的事情也没让我闲着，我只能追着他跑，还要找校服、收拾书包与小提琴，帮他穿袜子……

最后，我们往往会推迟出门时间，但这又可能会让另外两个孩子上学迟到，会让我上班迟到。整个气氛非常紧张，我每天的生活就这样消极地开始了。

　　在听取了建议之后，我意识到，即使我妻子早上不常在家，她也需要参与到早晨例行事务中来。对此，我们一起讨论怎样改变托比的习惯，然后制作了一份详细的行为图表。我俩展开头脑风暴，想出了几个对托比进行精神奖励的方法，例如"与爸爸或者妈妈一起玩十五分钟的游戏""与妈妈一起做蛋糕""与爸爸一起骑车游玩"。然后我们与托比一起坐下来，解释这个图表如何使用，并询问他喜欢什么样的奖励。他选择了周末跟我一起去骑车游玩。

　　我们之前也试过几次星星图表——通常动机都是好的，但过了一段时间后，热情便开始减退，生活又恢复原貌。我们当时设定的通常都是物质奖励，价格很贵。然而，这次我们目标更明确，而且托比也参与了这个图表的构建，奖励更侧重于精神方面。此外，我和妻子还在任务设置上也确保孩子能够得到很多星星，并且在孩子获得星星的同时给予他一个描述性赞扬。最重要的是，我们约定：即使这种方法没有起到立竿见影的效果，也要继续努力，不断坚持。

　　虽然我们现在仍然小心地使用着大量的描述性赞扬，但每个人都会感受到变化——现在每天早上托比都自己起床、铺床、开窗、穿衣，周末也如此。星星图表现在不需要了！

　　　　　　　　　　　　　　　阿德里安（三个儿子的爸爸）

☺ **有规矩，就要有后果。**

在你和家人制定家规时，除了想好奖励之外，还需要准备一样东西——后果。在这一点上，你要避免施加让孩子伤心的惩罚，而应尽量提出一些有创意的、有意义的后果。

最好的后果就是最平常的后果——它们是某一种行为自然而然产生的后果，比如，如果你不吃早餐，你稍后会饿。如果孩子遵守规矩会得到奖励，那孩子违背规矩的后果自然就是得不到奖励。

然而，有时这种方法也不好用。例如，你出于好意让孩子整理玩具，虽然不收拾的后果就是房间乱糟糟的，但孩子却不介意。

每个人都很不情愿执行一个过于严重的后果，例如不被允许参加聚会或野炊等。这时，你可能会照顾孩子的感受，而忽略他们的错误行为或者为其找借口，因为你知道如果坚持执行这种严重后果，整件事情将会更糟。所以，你在情绪激动时不断地忍啊忍，其实这是在压抑自己的愤怒，一旦爆发，将会两败俱伤。

对于严重后果，需要注意的另一个问题是：一旦执行，你可能就没有多少退路了。你宣布"一个月不能上网"，孩子一下子失望至极，便认为没必要再恳求你了，他们的心情和行为也会随之走下坡路。

所以，我们制定的后果要小而易操作，这样，事情发生时，我们才能毫不犹豫地执行。此外，你要提前告诉孩子后果的内容，这样你就不会因为执行这些后果而怀有歉意，从而可以在事情失控之前把握住机会中止孩子的错误行为。

在孩子违反相关规矩之后，你应该尽快执行后果，拖得越久，孩子越可能因为惦记着这些后果而闷闷不乐，并经常有事没事地与你发生冲突。较快地执行后果更容易让孩子将违背规矩与后果联系在一起，并且可以使你将注意力转移到教育上。

执行后果时，尽量保持中立，同时语气中带点同情。因为承担后果本身对孩子来说就不容易，所以作为家长，你也没必要生气。

除了后果不能太严重之外，还要注意不要制造过多的后果，否则你可能会陷入一个消极循环圈中。**奖励与后果的比例应该是9:1**，这样，孩子才能多经历成功，少经历失败。家长当然也不希望孩子觉得完成事情很有难度，从而放弃尝试。所以，如果你在定规矩之前考虑到孩子的实际能力，就会减少很多麻烦。

以下是经过实践发现的有用的规矩和相应的后果：

- 玩具在地板上过夜后都会被没收，除非孩子帮你做事，否则将不能拿回玩具。你可以利用这个机会让孩子做些有意义的事，例如帮你做家务之类的。这种规矩可以让你在替孩子收拾东西时不再抱怨，双方都知道只有孩子承担后果才能拿回东西，所以你就不会觉得自己是个奴隶。比起一遍遍地威胁孩子把玩具扔掉来说，这无疑更有意义。只要你捡到被孩子乱放的玩具，他就得为你做一些事情。这样想，心情是不是更加舒畅了呢？

- 如果孩子说脏话，你可以制作一个罚款箱，每次孩子说脏话就得让他把自己的一小部分零用钱放进罚款箱里。如果他拒绝这样做，你可以直接从他的存钱罐中拿钱出来。当然，如果你自己骂脏话，你也应该把同等金额的钱放进罚款箱里，这样才公平。

☺ **什么才是适当的后果？**

如果孩子乱放或乱丢东西，后果可以使用以下任何一个：

- 刷锅。

- 清洁餐桌。
- 喂宠物或者给宠物洗澡。
- 整理一些东西。

推撞家长或者行为粗鲁的话，要视其严重程度，让他承担恰当的后果来弥补错误，如：

- 为受伤害的人准备食物。
- 写一封道歉信或者画一幅画。
- 给受伤害的人拿东西。
- 泡一杯茶。
- 为受伤害的人洗车。
- 为受伤害的人按摩肩膀。

依然不听话的后果可以是：

- 失去一部分活动时间（不是全部）。
- 捐款给他人。
- 当孩子在公园等公共场所不听话时，不准他自由玩耍，可让他牵住家长的手或者老老实实坐在家长旁边几分钟。

☺ **关禁闭和台阶反思。**

关禁闭是把不听话的孩子关在房间一会儿，台阶反思是让孩子老老实实坐在楼梯台阶上一会儿——孩子三岁就执行三分钟，四岁就四分钟，依此类推。每次使用这两个技巧前，家长都需要将惩罚的原因向孩子说清楚。

很多前来咨询的家长都用过这两个方法，但真正见效的并不多。如果你正在用这些技巧，而且觉得有用，我建议你继续使用。毕竟，育儿的过程很艰辛，所以任何可以改善家庭关系的方法都应该得到提倡。

可问题是通常孩子对家长的解释都很没耐心，他们或者会逃跑，或者会乱摔房间的东西，或者乖乖待在楼梯上反思后又继续不听话。有时孩子确实改正了错误，但他们内心会极度不满或者觉得自己深受侮辱。有个家长告诉我，她五岁的儿子因为之前被罚坐在台阶上反思而非常伤心，这对孩子来说是一个打击，所以几周过后孩子还耿耿于怀，不愿理大人。

如果孩子发脾气砸东西或打人，那这两个技巧可能没什么用，因为孩子这时不太可能听你说话。出现这种情况时，在行动上阻止孩子会更好，例如把孩子抱到别的地方或者抱住孩子不让他再伤害别人。抱住孩子是在告诉他，你可以包容他的行为和情绪，这样可以给孩子一种安全感，让孩子不那么害怕。这时就不能关孩子禁闭，否则可能会传达一种你厌恶孩子、希望他远离你的信息，从而压制了孩子两个最重要的需求——渴望得到别人的肯定，渴望拥有归属感。

我希望家长们能够通过本书的学习，掌握更多更有效的育儿技巧。如果你的孩子因为自己的错误行为而需要被隔离一段时间，你可以告诉孩子，关禁闭是为了让他放松情绪，而不是为了惩罚他（详见第85页）。

🐼 一次一个脚印

几年前，我们一家子坐在一起，将我们想到的规矩写下来，写了整整一页，其中包括让孩子经常去厨房帮忙，让他们乖乖听话去睡觉，早上一叫他们就起床，自觉准备好上学要带的东西，做作业，每天练习乐器，等等。

可想而知，这些目标一个也没完成。这些不是家规，而只是一份未经删减的、所有人都同意的理想育儿清单，里面没有哪样东西可以激发孩子的积极性，也没有任何需要承担的后果，同时我们也没有坚持到底。我们只是将这个"完美家庭"放在理想中，幻想一切事情都进展顺利，每个人都开开心心。几天后，我们被打回现实，并决定集中精力解决一个问题——早晨的例行事务——这足足花了一个月的时间。

为了取得成效，我们必须做出改变——天上不可能掉馅饼。首先，我们尽量让孩子们早点上床睡觉。我们还在晚上跟孩子讨论第二天的安排，同时让他们把第二天上学时要带的东西准备好。此外，虽然我很不情愿，但是我还是坚持比往常更早起床——这令我有更多时间做准备工作。最重要的是，我们设定了出发时间，并在出发前10分钟和5分钟分别对孩子们进行提醒，其中没有及时做好准备的孩子必须跳过一些步骤或者把早餐拿到车上吃。我们的早晨从来没有悠闲过——我甚至以为我们的早晨永远都只能是忙碌的，但现在的确比以前好得多。

索菲亚（3个孩子的妈妈）

小节回顾

如果你的孩子到现在还言行不当：

- 想想你是否能放手让孩子自己学习；
- 查看第116页的表格，确认你使用的积极技巧是否需要调整。

如果还不行，你要：

- 与你的伴侣就目标与执行方法达成一致意见；
- 与孩子一起建立新的规矩；
- 明确你希望孩子做的事情；
- 确保目标简单、易行；
- 共同协商奖励与后果，并将其融入日常事务；
- 将新规矩写在纸上并贴在醒目的位置；
- 坚持到底。

不要忽视最后一点的重要性。在你创建一个新的家规时，请想一想：你是否愿意日复一日坚持到底，并且无论怎样，你都不会放弃、忘记或改变这个规则？一旦你制定一项新规则却没能坚持到底，孩子就会知道家人的话并不可信。慢慢地，他就明白，在他捣蛋、使性子的时候，你过不了多久就会放弃。下次他想按自己的方法做事时，就会用尽各种手段让你妥协。如果你觉得自己的毅力欠缺，你可以试试本书其他育儿技巧，它们也同样有效。

6 纠错：你先承认错误，孩子就会跟着认错

孩子打破东西、不讲礼貌或动手打人时，不管他是不是有意，事后他都可能会后悔并希望能弥补错误。如果是这样，你就需要既往不咎，给他一个大大的拥抱，表扬他已经长大了！然而，有时孩子会迟点才道歉，而我们的本能是要求孩子立刻道歉。但如果强迫他的话，孩子可能会感到没面子，或者因为怒气未消而拒绝道歉。即便跟你道歉了，通常也会像下图这样：

孩子用这种口气说话，通常是因为他丝毫不觉得应该道歉。在图中女孩看来，她并没犯多大错误。她觉得妈妈在强迫她吃一些她不喜欢吃的东西，而妈妈却因为袖子碰到了一点食物就反应过度。

由于孩子心智不成熟，他们往往会沉浸在自己的世界里，很难去理解自己的言行对其他人造成的影响。

强迫孩子说"对不起"，事实上你是在教他说谎。你用自己家长的身份命令孩子说你想听的话，而不管他们有没有这个意思。第16页的楼梯图向我们直观地展示了孩子对这件事的感受：道歉可能会成为失败者，推脱责任反倒能保住面子。你身边有没有从不主动认错的成年人呢？当不小心伤害你的时候，他们可能会对你特别好，但却从不会道歉。拒绝道歉对人际关系及以后的工作都会产生不利影响。这种态度通常根源于儿童时期，主要原因是，在他们心里，道歉与羞耻联系在一起了。

当你以正误、好坏的标准严格评判孩子的行为时，他会觉得自己在被指责。如果孩子的确做错了，他就害怕会受到惩罚，从而想尽办法为自己开脱，或者说谎、怪别人。即使明显是他做错了，他也可能撒谎。

所以，引导孩子思考事情的前因后果及对他人的影响，教他真心实意地反思、道歉并弥补自己的错误，岂不是更好？为了实现这一目标，你需要换个方式思考。

怎样让孩子心服口服？

有些行为很明显是错误的——孩子可能把体育用品落在学校，洒了自己的早餐或者做错了数学题。这类事情对家长和孩子来说是最容易处理的——这是无意的错误，而非存心的。

有时，孩子明知道自己不应该那样做，但还是做了。通常，当家长没在身边时，他们就会冲动行事，即使孩子知道不应该这样做——抢走别人的玩具啦，在厨房用椅子堆高高啦，把家长藏的糖果搜罗出来啦，或者非要到卧室画画而将颜料洒到地毯上啦，等等。虽然这些行为是明显有错的，在大多数家长看来也是没必要原谅的，但我还是建议家长们好好思考一下。

当我们的孩子做了不应该做的事情，甚至因此对他们的人身安全造成了威胁时，我们的第一反应都是惩罚他们。生气时，我们都想要做一些伤害孩子的事情，来让孩子长长记性。我们很多人觉得惩罚可以让孩子吸取教训，毕竟上一辈就是这样教育我们的。多数家长都认为棍棒底下出孝子，但结果往往适得其反。他们可能为了不被抓到而变得更狡猾，或者为了逃避责任而撒谎或怪罪他人。无论你多么有理有据，孩子依然会觉得自己受到了不公正待遇，并且将每个人都怪罪一番——除了他们自己。

惩罚有时能让孩子改善自己的行为，所以有些家长经常用它。但这种方法通常都会带来一个沉重的代价——孩子之所以改善行为，并非是真正知道利害，而是因为害怕被惩罚，他们可能在此后几年里都会很恨你。调查表明，很多孩子小时候受到家长的惩罚，即使明白家长是为自己好，他们成人之后仍然会对家长心存憎恨。

惩罚不太合适，但并不意味着我们应该对孩子的所作所为睁只眼闭只眼。孩子需要承担应有的后果，并学会如何改善自己的行为。这通常比接受惩罚还难，因为这需要他们反思自己的行为，并消除其行为对他人造成的影响。大多数孩子都是因为冲动才犯下错误，事后他们立刻就很后悔。他们不希望让别人知道是自己的过错，只想让事情赶紧过去。这个过程对他们来说异常困难，所以你要用技巧来不着痕迹地让孩子乖乖认错。

当你用客观的态度对待错误行为时，孩子会更容易认错。**如果孩子不担心受罚，他们会更乐意纠正错误、吸取教训**。渐渐地，孩子便学会了更成熟地对待自己或他人的错误。

右图中的小男孩没有主动承担打破相框的责任，即使明摆着是他在房间内踢球而打碎的。后文将为你讲解该怎么处理这种情况，怎样培养孩子的责任意识，以及如何给予后果并防止这种事情再次发生。

我什么都没干，不是我做的！

孩子犯错，家长也有责任

出错时，责任几乎都是需要分担的，虽然有时会略失公平。情况往往是一方比另一方责任更多，责任全在一方的情况很少。

回想一下第57页孩子吃冰激凌的场面：小男孩不听话，坐在椅子上也不老实，从而导致冰激凌掉在了地上。但爸爸的反应同样也不对，他没能站在孩子的立场上看事情，而且不够有耐心。到底谁该对整件事负责呢？我认为，家长和孩子双方都有责任。

本节开头的食物例子同样如此。当然不管女儿多不喜欢吃西兰花，她都不该把食物扔到妈妈身上。但妈妈何必非要让女儿吃掉这道菜呢？而且，强迫女儿道歉的做法也不够明智。

纠正错误四步骤，孩子更乐意知道正确的做法

纠正孩子的错误有四个步骤，这些步骤用在处理完问题，并且双方情绪稳定的时候。它们可以让人从错误中吸取教训，同时遏制负面情绪的激化，也有助于我们有效、冷静地解决问题。四个步骤如下：

1.承认错误。

即使孩子应该承担更多的责任，你也应该先承认自己的错误。当孩子看到我们主动承认错误时，他们就会明白犯错其实也没什么大不了的，承认错误是一件再正常不过的事。这样，孩子更容易为自己的行为承担责任。

每次一定只处理一个错误，因为如果不断牵扯出更多的错误，可能会让孩子产生抵触心理，从而妨碍你实现目的。

当然，上页图中，儿子在房间踢足球不是家长指使的，妈妈并不对此负责，所以如果她看到相框被打破时，第一反应就尖叫，这也是情理之中的。也或许她会在清理碎片之后才跟孩子谈话。但只要妈妈冷静下来，她就应该明白自己也有责任。

我们来聊聊刚才相框的事吧。我的错误是不让你放学后去公园玩，从而导致你没地方踢球。那么，你认为你的错误是什么呢？

如果孩子给了她一个正面的回答，妈妈则需要用大量的描述性赞扬认可孩子。如果你不赞扬孩子，他以后会更难承认错误。

> 我不应该在那儿踢球的。

> 你真是个勇敢的孩子，已经可以承认自己的错误了。

　　孩子也可能不承认自己的错误，而是坚持说自己什么都没做。如果是这样的话，妈妈应该让儿子明白她不相信他的话。妈妈可以说："我知道你在房间踢足球，我也知道你不是真心想打破东西的。我希望你想好之后再告诉我是怎么一回事。即使我知道了真相，我也不会生你的气。相反，你的诚实会让我很骄傲，因为我知道要你承认错误很不容易。"如果孩子仍然不肯认错，妈妈可以过一会儿再问："你现在准备好告诉我真相了吗？我会因你而骄傲的。"

　　无论多么努力，我们依然没办法让孩子总能主动承认错误。我们永远不可能控制孩子的言行举止，不过好在我们可以通过教孩子学会认错而让他们更诚实。

　　2.弥补错误并真诚道歉。

　　弥补错误会减轻人的怒气与内疚感。

图中的男孩也许得为打破的东西负责，或许他会跟妈妈一起去附近的商店看看更换相框玻璃的费用，明白自己至少应该支付一部分费用。如果男孩钱不够，他可以在家帮忙做些家务来作为补偿。这一阶段，妈妈是在帮孩子改正错误，目的并不是为了惩罚孩子，所以此时也没必要生气。毕竟，承担因自己的错误而造成的后果对孩子来说已经很不容易了。

如果有人因为孩子的言行而受到身体上或心理上的伤害，孩子同样需要道歉，同时也可以做一些事情弥补受害者。你也可以采用135页建议的恰当后果。

如果作为家长的你犯错了，你也同样要道歉，这样才会给孩子做出表率。

3.吸取教训，避免再犯同类错误。

弥补过失之后，你要不失时机地利用这个机会，让孩子学会吃一堑长一智，避免以后再犯这类错误。

妈妈表扬了孩子的建议，这一点非常重要。当然，如果孩子的建议不合理，妈妈也可以提出自己的想法。为了避免以后再犯同样的错误，最好的办法是提出建议而不是惩罚孩子。妈妈也可以制定一条关于踢球的新规矩，将它写下来贴在墙上。

在教孩子练习使用恰当的语言来表达愤怒情绪时，也可以使用这一步。如果孩子对你很粗鲁，记住他们是在说气话！你可以为孩子想一些可以说甚至喊的，但又不过火的话，例如"我很生气！我很愤怒！这不公平！"等。**当孩子学会用"我"开头而不是"你"开头的句子来表达愤怒情绪时，他们就能减少对别人的伤害了。**

4.既往不咎。

只要你恰当地处理了一个错误，你就可以把它抛到脑后了。过去的事情没有必要再提，否则只会招来孩子的厌烦，也会伤害他们的自尊。最好的办法就是既往不咎。过后再回头看看这个错误，你们可能会对自己当时的表现一笑置之，很多过错在事后看来其实都很有趣。

🐼 工作中的错误与家庭中的错误

学习了纠正错误的技巧之后，我开始明白管理家庭与管理工作之间的差距有多大。

上班时我是负责计算机这方面工作的，包括网络、服务器等。我们有一套完善、严格的程序来应对突发事件：我们的首要任务就是明确问题，然后检查漏洞，最后找出需要改进的地方，以防止今后发生同类事情。每个员工都清楚，忽略事实很不明智。

而在家里，当我儿子不停制造麻烦时，我却无计可施。我有时权当没看见，希望他们自己能停下来，有时则威胁或者惩罚他们，但都收效甚微，而且还会引来妻子的埋怨，说我太严厉。后来我对他们的错误养成了睁只眼闭只眼的习惯。

家庭自然比工作重要——过去我一直忽略问题，致使事情越来越严重。现在，我家到处洋溢着幸福与欢乐，这都归功于纠正错误四步骤这一技巧，它为我家提供了一份清晰的行动计划。

斯蒂夫（两个8~11岁儿子的父亲）

多多讨论生活中的错误

双方都冷静的时候是使用新方法的最佳时机。在你有空的时候，你可以结合生活中的实例来向孩子阐释四个步骤的内容，比如你可以说：

"你还记得我昨天犯的那个错误吗？当时，我们想去买牛奶，谁知到了商店才发现我把钱包落在家里了。现在我承认自己的这个错误。然后，我要向你道歉，因为我们不得不回家再去商店，这让你又饿又累。第三步，也就是我需要吸取的教训——我应该在出门前检查身上是否带够了钱。第四步是忘记这些不愉快，并且不再因此而不高兴。我想我可以做到。"

你也可以借用看过的故事或自编的故事，来讨论其中人物的错误，如果孩子愿意配合你，就让他想象并与你一起讨论这个处理错误的过程。

纠正错误会影响我们的心情吗？

问题出现时，你费尽千辛万苦让大家都冷静下来后，通常你最不想做的事情就是与孩子交谈所发生的事情。你希望忘记整件事，并且希望以后不会再有这种事。你可能会担心重提旧事会带来一些不快的情绪，从而引起新一轮的争吵。

好在你的担心通常都是多余的，因为在处理问题的过程中，你的目的是为了改善情况而不是让孩子伤心。通常，孩子心里都很矛盾：一方面，他会因为自己的所作所为而感到内疚，并希望弥补错误——他希望自己是个好孩子；另一方面，他又怕别人会觉得自己很笨、很不乖或者很失败。他也可能会怕其他人（例如你或者他们的兄弟姐妹）提到他所犯的错误，他还可能会担心自己受到排斥。

　　纠正错误的方法给了家长与孩子一个机会，使双方不用担心丢人，而且又能改善行为、吸取教训，并避免产生不愉快。处理过程一旦结束，每个人都会感到轻松、舒畅，孩子也知道已经得到了家长的谅解。家庭中的小摩擦就这样烟消云散。

出门在外，怎么处理孩子的错误？

　　孩子在外面做错事（如推撞或打骂其他小孩）时，你不能指望他立刻道歉。正确的做法是，你可以问问孩子他应该怎样做，如果他已经准备好去道歉，接下来就一切顺利了。在这过程中，千万不要忘记表扬孩子。但是如果孩子拒绝道歉，认为自己没错，错都在其他孩子身上，并当着别人的面说你对他太严厉，那么，你回家后就要和他多聊聊这件事了。而且，必须是一到家就马上处理。谈论时，你可以引导孩子让他意识到自己的错误并发现道歉的必要性。必要时，孩子可以稍后再道歉。

　　当孩子吵嘴、打架时，除非你已经对事件了如指掌，否则就别随便怪罪孩子。与其让孩子找出自己的原因，不如尽快让孩子离开现场。因为孩子毕竟是孩子！同时也要明白一点：偶尔的吵架有利于孩子健康成长。下一节将对这一点进行详细说明，而且无论是不是独生子女家庭，这一点都非常有用。

▓ 小节回顾

纠正错误可以巩固已学技巧。例如，你更加明白在孩子生气时，自己千万不要爬上愤怒之巅；事先定规矩以及表扬孩子正确的行为等都有很大用处。即使有时愿望无比美好，现实却总会有很多不如意。大家都平静下来时，就是反省并承认错误的良机——"我没有保持冷静，还发脾气"或者"我忘了提醒你今天不去商店买点心这件事了。"

所以，纠正错误的机会处处皆在！

7 平息孩子间的争吵：
少一些干预，多一些"置身事外"

　　家中多个孩子之间的关系也许会伴随他们的一生。兄弟姐妹关系与亲子关系同样重要，因为兄弟姐妹在小时候关系密切，大部分时间都是一起生活。

　　兄弟姐妹之间的感情通常比较复杂，他们既互相爱护、互相逗乐，同时又时不时地嫉妒、憎恨或伤害对方。

　　如果你家中不止一个孩子，你可能希望他们之间能有一种紧密、深厚的感情。不管你考虑得多么全面，你都没法保证他们一定能互敬互爱。毕竟，育儿过程中有太多的不确定因素。然而，有些大人在孩童时期与自己的兄弟姐妹发生过矛盾，从而导致现在关系也不好，这也很常见。因为他们没能从小时候的妒忌和憎恨中恢复过来，仍然觉得自己的父母曾经偏袒或者现在仍然偏袒自己的兄弟姐妹。为防止这种事情发生在你孩子的身上，你需要尽最大的努力引导他们之间的关系。

　　多子女家庭的孩子们在小时候经常斗嘴、吵架，其中有很多原因。情感方面来说，很多小孩觉得父母对自己的爱还不够。每个孩子都希望在你面前表现得比兄弟姐妹更坚强、更聪明、更听话、更有运动细胞或更能干。他觉得这样你就会更爱他。同时，这些小家伙们也为得到你的关注而暗地竞争。大部分孩子都是这样过来的。

　　有时，孩子间吵架的原因很无聊——谁可以玩小火车，谁负责遥控？游戏出错也会引发吵架。也有时是因为孩子疲惫、饥饿或不舒服等。但对很多孩子来说，与兄弟姐妹一起玩都是一段美好的时光。

为了让孩子们一起快乐成长，本节提出了一些建议与技巧，以帮你减少子女的不良竞争与嫉妒，使孩子之间的关系多一些温暖，少一些怨恨，营造一个温暖、平和的家庭氛围。如果你家只有一个孩子，那你也可以将本节的技巧用在自家孩子与别家孩子相处的事情上；如果你是位幼师或小学老师，那本节同样会对你大有启发。

公平对待每个孩子

随着孩子逐渐长大，你会发现他们的天赋、兴趣和观念都不相同。有的孩子需要更多的关注，有的则需要更多的私人空间；有的喜欢尝试新事物，有的则安于现状；有的天生爱干净，有的则邋里邋遢；有的孩子喜欢窝在家看书，有的则天天出去跟朋友玩耍。

家长们往往都会暗自做比较："为什么他不能像哥哥一样？"或者"怎么妹妹比他还懂事？"我们愤愤地想知道为什么孩子一个月就要丢三次泳衣，为什么他不像别人一样管好自己的东西，渐渐地，我们便对他区别对待了。

孩子在不同年龄段所拥有的成长环境及生活状况也不一样。某种程度上来说，一些孩子会比其他孩子的需求多。所以，即使你一直想平等对待每个孩子，他们也不一定觉得你很公平。**真正的公平需要你有针对性地满足不同孩子的不同需求。**

孩子们物质需求的满足也同样如此。例如，你可能会认为："该给劳拉买双新鞋子了，我最好也给其他孩子买点东西，要不然他们会眼红的。"即使你这样做完全是出于好意，但你却是在为自己挖坑。因为你在尽量显示你的公平，但这也就意味着你需要不断权衡给予孩子的每样东西。这个过程中，你也是在不自觉地纵容孩子们相互比较。你的孩子可能总惦记着他兄弟姐妹的东西，生怕自己吃亏，从而会密切关注他自认为应该拥有的东西，一旦得不到就会埋怨、责怪家长偏心。

🐼 满足每个孩子的需求

　　暑假里，我的两个女儿是在她们外婆家度过的。很明显，她们都很喜欢那儿，但晚上总有一个问题困扰着我们，直到前几天才把它解决了。这个问题就是：不管什么时候打电话给她俩，她们都要在电话里吵架——或者抢电话或者大喊大叫。她们不仅对骂，而且还相互干扰对方与我通话，有时我甚至不想给她们打电话了。

　　我和我丈夫想出一个办法——让两个女儿轮流接电话——但她们拒绝了。我们还想到每天定时与她俩分别打电话，但这一提议同样被否决。

　　渐渐地，我明白了其中的原因：她们都觉得对方占用了自己打电话的时间。因此我承诺她们："你们想聊多久就聊多久，即使是聊到半夜，我连眼睛都睁不开了，我也不会催促你们。"从此以后，她们都冷静了下来，也停止了争吵。我并不需要严格同等控制与两个孩子通电话的时间，这样做也没什么意义。一旦她们觉得自己得到了妈妈的关注，她们就会停止互相比较。我现在每天晚上仍然给她俩打电话，出乎我意料的是，现在打电话的时间还没以前长呢！

　　阿曼达（两个女儿分别为6岁、13岁）

因此，与其平等对待他们，你还不如说：

"你们都可以得到自己想要的东西。你们两个我都很喜欢，但你们毕竟是两个不同的人，因此，你们的需求也不同。"

或者说："公平并不是给你们同样的东西，而是给你们各自需要的东西。"

如果同一件东西，一个孩子有，而另一个孩子没有，那家长也尽量不要为了欺骗孩子或者要其中一个孩子保密。否则，家长便在不经意中在孩子间划了一条界线——不能让别人知道这个小秘密。

例如，家长对女儿说："我给你买个冰激凌，但不要告诉你哥哥哦，要不他会很不高兴的。"这不仅毫无必要，而且还会让女儿进退两难：如果哥哥问起，该怎么说？是不是得说谎？哥哥是不是也知道一些自己不知道的秘密呢？想象一下，如果女孩告诉哥哥自己吃了冰激凌，以及家长叫自己保密的事情时，哥哥会怎么想？他一定觉得家长不喜欢自己，而且会有一种被背叛、被隔离的感觉。

其实，你并不需要一视同仁，你也不用担心非要一人一个冰激凌。你要给每个孩子传达这样一个观念：无论何时何地，只要他们想要什么东西，并且只要合情合理，家长就会满足他们。

你只用对每个孩子说："如果你想要，我也给你一个。"这才是公平的体现。

孩子间的吵架，不用太在意

孩子之间没完没了的争吵让家长很头疼：因为这不仅使你耳根

子得不到清静，而且也让你没法和孩子们和睦相处。但你要明白，**孩子间偶尔的吵架完全是健康、正常的。**通过吵架，孩子可以学会如何维护自身权益，还会掌握一些生活道理，比如分享、协商、表达想法等。玩耍过程中出现的打架，相当于给孩子上了一次安全教育课，特别是与兄弟姐妹打架，它有利于孩子在校园生活中茁壮成长。有时，在你看来有害的行为也许恰恰对孩子的成长有利。

孩子们不可能每时每刻都是一副嘻嘻哈哈的样子，争吵实在难免，但如果你干预太多，通常都会事与愿违，而且事态发展会越来越糟糕。

家长的刻意偏袒会影响孩子间的关系

在下图这个例子中，妈妈想弄清楚事情的来龙去脉，但她成功的希望不大。

究竟谁对谁错？答案通常是——要么都对，要么都错。大多数争吵都是因为兄弟姐妹中的一个先惹了另一个，就这样，一人一

句，越来越激烈，直到大战全面爆发。这个过程与本书60页的"愤怒之巅"类似。上图中兄妹二人都认为自己是对的，错都在对方身上。这是因为孩子心智发育不成熟，导致了他们只站在自己的角度看问题，不会设身处地为对方着想。即使他们明知自己有错，他们也不愿承认，否则会让对方幸灾乐祸。

想查明是谁先挑起事端的，这几乎不可能。所以通常情况下，家长们都会根据自己所看到的情况进行判断，其实很多情况下，家长都会被表面现象所欺骗。如果你护着其中一方，实际上你是在疏离另外一方，从而可能让他怀恨在心，并且实施报复。你也许认为你只是想澄清事实，分清责任，而事实上，你是在给他们制造麻烦——受维护的一方会防着另一方来报复自己。这种心理可能会保持几天，甚至几十年。虽然你早就忘记了这件事情，但受责备的孩子可能会一直记得。所以，尽管妈妈出于好意，但她的介入未必有用。

让着她！她是你妹妹！

妈妈说的，哥哥啥都得让着我。

她老抢我东西，妈妈还总护着她，我讨厌这个妹妹。

在很多家庭中，年龄最小的孩子十分清楚怎样才能把哥哥姐姐的东西抢到手，因为家长经常偏袒年纪小的孩子，觉得他们最需要保护，认为哥哥姐姐就应该让着弟弟妹妹。因此在家长的保护之下，小一点的孩子开始学着伤害哥哥姐姐。当你用家长的权利给予一方支持时，受责备的孩子不仅自尊心受到了伤害，还会生你的气、怨恨你。

但有时即使家长并没有挑拨孩子之间的关系，还是会有孩子喜欢欺负另一个孩子。如果你家里出现这种情况，你可以用以下办法来解决。

多关注孩子，子女相处更和睦

让孩子们和睦相处，家长可以从以下几个方面入手：

1.单独与每个孩子相处。

与其他家长一起共事时，我会经常询问他们教育孩子的方法。他们提出的意见往往都很好，但没有这个办法见效，所以我将其排在第一位。

每个孩子都想尽可能多地获得家长的关怀，他们巴不得父母的视线完全集中到自己身上，即使只是一小会儿。当你与孩子的关系融洽时，孩子会产生一种安全感和自我认同感，这时，他们就觉得没必要再占用你的时间了，因为他们的需求已经得到了满足。但当孩子专注于自己的兴趣爱好时，他们可能并不希望家长干涉自己，因此同样也不需要家长过多的关注。

如果你觉得与孩子没有太多的共同语言，例如他很喜欢足球或者很喜欢玩电脑，但你对这些完全没兴趣，那么你是不是就要放任孩子或者避免与孩子过多交流呢？千万不要，否则过不了多久，你可能就会发现你们之间越来越疏远。你可以请孩子向你讲讲他们的爱好，并跟孩子一起讨论，这样，即使你对孩子的爱好没兴趣，你也可以拉近与孩子的距离，改善亲子关系。如果你不赞同孩子的爱好，那么这也是提出意见的好时机。与孩子一起分享快乐可以让你的快乐加倍，生活也越来越美好。

用过这个方法的家长反映，自己与孩子之间的关系有明显改善，有时还会收到孩子精心准备的惊喜。他们觉得自己发现了孩子的另一面，这种美好的事情无不让家长惊叹。最重要的是，得到家长单独关注的孩子不再那么在乎与兄弟姐妹的竞争了。

2.尽量让孩子独立解决问题。

如果你喜欢在孩子打架时插一脚，那他们很可能会变本加厉，经常有事没事就打上一架——因为这样能得到你的关注。对孩子来说，获得家长的关注非常重要，如果有一种方法能满足他们这种需求，那他们可能会乐此不疲地去尝试。

而且，当你成为他们打架的裁判时，孩子们也许凡事都要找你裁定而不是独立解决问题。为了给你留一个好印象，他们可能会夸大他人的过错甚至说谎。一开始的小吵小闹在家长介入后可能会变得一发不可收拾。

针对这种情况，你需要做两件事：第一是当孩子打架时，减少对他们的关注；第二是在孩子冷静下来后，帮助孩子找到解决问题的方法（详见第3点）。提前告诉孩子们，你只有在他们打架过于猛烈时，才会介入。由于你不能有所偏袒，所以**不必去穷究事情的起因**，否则，只是火上浇油。

如果你受不了孩子吵架时发出的吵闹声，你可以放点音乐或者出去走走。如果你们在车里，你可以等他们冷静下来后把车开到路边，然后再给他们几分钟，让他们完全冷静下来。并告诉孩子，他们吵架会影响你开车，带来危险。

孩子需要你评判是非，但为了让孩子从中吸取教训，你需要**在每个人都冷静下来后再帮他们解决问题**，而不是在孩子们吵架的过程中。下面这一点将详细讲述如何提供帮助。

3.与孩子讨论解决争端的办法。

很多家庭都出现过这样的画面：孩子为了争夺电视遥控器或电脑而发生争吵。孩子间的大部分口角都比较具体：谁可以在吃晚饭时坐在爸爸旁边？现在轮到谁玩电脑了？他可以睡哥哥（姐姐）的床吗？

如果你稍稍探究一番，你就会发现，其实孩子是为了满足自身的需求，如控制欲、关注度、成就感以及个人隐私等。在这种情况下，提出一个实用计划来解决争端，可以让孩子们不再那么紧张，也能让他们明白家人在乎他们的需求，即使有时这些需求并不会完全得到满足。

你可以在大家都冷静下来之后，就孩子间的争端，让他们轮流说出自己的看法，然后询问每个孩子对争端的解决方法。要知道，孩子通常比家长更能想出好点子。另外，你还要事先对孩子们明确表达你对他们的信任，在孩子表达观点或者配合使用某种方法时，你要适时地给予表扬。如果你最终采纳了孩子们的建议，他们通常就会遵守这些守则。

如果孩子认为你偏心，你首先要与孩子分析、纠正他这个错误想法（见第6节，第139页），孩子则要承认并弥补错误。如果你担心这样会让孩子们的争吵升级，你也可以与孩子挨个谈话。

当然，如果孩子想不出什么好办法，那大人们就要为他们制定规矩。但在工作中，我经常发现很多孩子都能在家长的正确引导下独立解决问题，他们的思考能力甚至比家长还强。此外，你也可以问一下大孩子的想法，看他们有什么好办法来帮助解决争端，与弟弟妹妹更好地相处。孩子可能会给你一个惊喜的答案哦！

> 那辆玩具车是你哥哥的，但是你也想玩。我相信你们能够解决这个问题。你们打算怎么办呢？

> 好吧，我玩后，她可以玩五分钟。

与孩子们确定下最终方案后，你要将其纳入家规里——写在纸上并贴在醒目位置；此外，也要在纸上列明违反规定的惩罚方法。这样，孩子不听话时，你就有据可依。以下是一些这方面的例子：

- 每个孩子每天可玩30分钟电脑；到时间后，必须让给其他孩子玩。如果某个孩子不遵守，那么超出部分须在第二天的时间中扣除。你可以给孩子买个计时器，帮助他们自我监督。
- 每个人的私人物品都可以做上特殊标记，其他人未经允许不能随意取用。谁违反规定，谁就要为受害者做一些小事来进行补偿。

- 当某个孩子的朋友来家里玩时，这个孩子应该邀请兄弟姐妹与他的客人朋友一起玩15分钟，随后可以自己与朋友玩耍，不能总缠着兄弟姐妹让他们陪着玩。

4.给予正面关注。

你如果对某个行为给予了更多关注，那么孩子可能会不断重复这种行为。同样，如果你希望孩子们能够和睦相处，那么你只要在他们相处融洽时给予正面关注就行了，关注的时间长短无所谓！久而久之，孩子之间的关系将会越来越融洽。

关注孩子的良好言行时，你一定要适时地表扬他们。以下赞扬话语可供你参考：

- "你让妹妹和你一起玩积木，真是个好哥哥哦！"
- "谢谢你为弟弟倒牛奶。"
- "你没有抢走妹妹的玩具，这让我很高兴。"（在孩子有这种好行为时立刻说这些话，不要观察了一整天后再说。）
- "你帮哥哥捡起了地上的铅笔，你真善良！"
- "今天上车后，你们没有抢座位，而是挨个坐了下来，真乖！"
- 如果你的孩子吵架了，并最终解决了问题，你可以说："你们因为抢座位而发生了争吵，但你们最终还是独立解决了这个问题。这让我为你们感到骄傲！"
- 如果孩子吵架了，而且没能解决问题，你可以说："对你们来说，座位问题很难解决。但你们最终听了妈妈的话，这让我很高兴，因为你们知道当时我们只能满足一个人的要求。"

确保每个孩子都能得到赞扬。一些孩子在你表扬其他孩子时也想得到你的表扬，那你干脆一起表扬好了，何乐而不为呢？

5.让孩子谈谈他对兄弟姐妹的看法。

当一个孩子跑过来向你告状时，不要讲一番大道理或提供解决方法。你应该做的是——自我反省。

你的孩子可能只是为了向你表功而打小报告。例如，弟弟可能会向你告状说姐姐偷吃了一块饼干或者睡前没有刷牙。这往往让你进退两难：如果你因为儿子的话而责怪女儿，那么你不仅是在鼓励儿子继续打小报告，而且还会招来女儿的讨厌，让她觉得你们在合伙欺负她；但是，如果你什么都不做，其他孩子就会觉得你放任女儿的这种行为，会引起其他孩子的效仿。最好的解决方案是——**向所有孩子解释监督家人不是他们的责任，而是你的责任，是你没做好监督，而且你还要告诉他们你不希望他们打小报告，除非涉及人身安危。**如果孩子继续打小报告，你可以直接告诉他你不会听，因为监督哥哥姐姐并不是他的事。

如果孩子埋怨兄弟姐妹对他造成了伤害，你可以用本章第3节的反映式倾听策略答复孩子的埋怨。例如：

孩子这样说	你可以这样回答
麦克把我的玩具火车轨道弄坏了。	噢，不是吧，你花了好久才完成的。麦克长大后可能就会明白不可以弄乱你的东西。
我讨厌安娜。	你有时可能想把她送回医院，然后在她会走路、会说话时再接出来。
姐姐狠狠把我推出她的房间，弄疼我了！	你是不是希望她随时都欢迎你去她房间？ 你不介意她去你的房间，但她不希望你去她的房间，你可能觉得不公平。 你听起来很生她的气。

当然也可能会出现两个孩子一起来向你告状的情形，这时，你也可以用以上方式回应他们。当你按捺住心中的不快，允许孩子们表达自己的感情时，你的孩子会觉得自己得到了肯定与理解，更可能会减少对对方的抨击或伤害。当然，你也可以用第3点，来引导他们自己寻找解决办法。

6.关注每个孩子的需求。

如果你的孩子一直闷闷不乐，并且无来由地与兄弟姐妹打架，你就要找出真实原因。很多孩子因为在学校遇到不开心的事，回到家便把情绪发泄在兄弟姐妹身上。如果是这样的话，你需要了解孩子在校发生了什么事，让孩子明白你很关心他。孩子通常只有在被激怒时才会动手打架，所以要想消除孩子心中的怒气，最好的办法是帮他解决源头问题。

然而，有些孩子打架仅仅是为了释放精力。这时，你就需要让他们多做一些运动，给他们提供一些打打闹闹的机会。如果他们能与男性亲人或朋友打打架是最好的了，因为如果孩子们有足够的机会释放体内过多的精力，那么他们对其他人的攻击性就会大大降低。

你的孩子可能有一些坏习惯或者不正确的行为，比如贪玩、缺乏该年龄段所需要的社交技巧等。虽然孩子并不是故意惹到兄弟姐妹的，但兄弟姐妹还是可能会生气。此时，你可以帮惹事的这个孩子改正不良习惯或行为——把孩子带到一边，告诉他应该怎么做。例如，你可以教他不要用哭泣来达到自己的目的，也可以教他不动手抢别人的玩具而是一起玩。不要当着其他孩子的面来教育他，否则他可能会觉得丢脸。

🐼 练习解决方法

　　为了亲自送我家那两个孩子上学，每天早上我都得费很大劲儿，之后我还要赶去上班。但这种辛苦简直是徒劳，因为每天他们都要为这样那样的原因一路争吵。一天早上，我们一起去自动取款机取钱，我让儿子蒂姆插卡，让女儿莉莉输密码，但钱出来时，他们都抢着要拿钱！莉莉先抢到手了，而蒂姆又想从她手上抢过来，最后一路上他们就这样哭哭闹闹。我实在忍无可忍了！

　　我知道这时讨论细节已经没有任何意义了，而且也没有必要再追究责任了。我也很生气，很不满，很需要休息。所以我将此事告诉了他俩的老师，并向老师说出了我的决定：随后一个星期都由保姆送孩子上学，同时我和孩子们会一起寻找解决办法。老师向我的孩子解释了这种情况，并希望他们很快就可以和睦相处。孩子们和我一起用了这一星期的时间来讨论他们哪些事情做错了，以及事情出错后又该怎么做。在这段时间，孩子们的态度有了明显改善，而且对我也更加理解，我对他们进行了表扬。

　　现在，孩子们的行为和态度比原来有很大改善，我告诉他们现在我很高兴送他们上学。他们的老师和爸爸也表扬了他们。在过去三个星期中他们都是快快乐乐地去上学，感到很自豪，而且家长和老师们也给予了更多正面关注。我甚至觉得那些不快乐从没存在过。

安德里亚（6岁龙凤胎莉莉和蒂姆的妈妈）

宝宝的出生对大孩子的影响

一个新生命的诞生，就意味着其他孩子的角色需要发生转变、地位开始动摇——他们不再是独生子或者家里最小的孩子。对于第一胎孩子来说，这一转换特别明显，因为在这之前他们一直享受着家长的全部关注，而现在你的关注、时间却要分出去一大部分给新出生的弟弟妹妹。宝宝刚出生时每个人都很高兴，吸引着很多人的注意力。他们需要喂奶，需要你长时间抱在怀里，这样，宝宝就会占用你太多时间，从而匀不出时间给大孩子，这就导致了宝宝的哥哥姐姐讨厌这个"入侵者"。哥哥姐姐会变得嫉妒、爱哭、黏人，有时还会打宝宝或者向你撒娇要求把宝宝送给别人。

你一方面要照顾新生的宝宝，一方面又要照顾永不满足的大孩子。慢慢地，你开始筋疲力尽，常常失眠。这个调整期可能会持续好几个月。有些孩子一开始很高兴有个弟弟妹妹，但等到弟弟妹妹开始到处爬行，逮着什么要什么时，他们又觉得这个弟弟妹妹很讨厌。针对这种问题，你可以通过很多种办法帮助孩子接受这个新生命，从而减少你的烦恼。

你可以提前做一些准备，比如向孩子解释婴儿长什么样、该怎么照顾他等。家中新添了一个小宝贝时，应该让其他孩子知道生活会发生哪些变化。如果孩子表现出了担心，你可以用反映式倾听了解孩子的想法，比如一起阅读相关专业书籍，陪你去做孕期超声波检查（需经医院允许），或者让孩子听听胎儿的心跳，这样他们就可以亲自感受到宝宝的存在！

如果哥哥姐姐还很小，那你就需要让他在宝宝出生之前就单独睡一段时间，提前适应一下新生活，这样才不会让他觉得自己的领土被侵占。你应该教孩子尽快学会独立，减少他对父母的依赖，同时也要不失时机地表扬孩子的新习惯。

在婴儿出生前，你可以建议亲友来探望时，不要忽视了大孩子，比如买点礼物给大小孩，而不是只买给尚未出生的小宝宝。

小宝宝不在身边时，你可以多花些时间陪陪大孩子。大孩子感受到了你的关心，也就不会因为小宝宝跟你闹别扭了。

小节回顾

孩子间的吵架或打骂会让你头疼，但你又不能奢望他们一直和睦相处，其实有很多方法可以改善孩子间的关系：

- 根据孩子的需求区别对待，并非一定要一视同仁。
- 与每个孩子单独待一会儿。
- 孩子之间发生争吵时，帮孩子寻找解决纠纷的方法。
- 给孩子大量正面关注，特别是在他们和睦相处时，给予他们描述性赞扬。
- 倾听每个孩子的感受，不偏袒任一方。
- 顾及每个孩子的真实需求，增添孩子的自信，减少他们将心中的不快发泄到兄弟姐妹身上的可能性。

用了以上方法后，你将会发现孩子之间多了几分关爱，少了几分厌恶。每个孩子都感受到你的肯定与尊重，就不那么容易与自己的兄弟姐妹竞争了。渐渐地，你的孩子们便会明白：父母的爱很丰富，可以一直满足自己。

8 玩耍：玩游戏时，要让着孩子吗？

回想你的孩童时期，你可能会记得自己无忧无虑、自由自在地在操场上、公园里或大街上与朋友玩耍的时光，你还会想起独自散步、与朋友一起爬树、自己迷路后又找到路的情形。当时你的家长可能总是四处找你，然后把正在疯玩的你拽回家！在这些快乐和困境中，你渐渐成长为一个自信、聪明的人。

现在孩子的童年与我们以前大不一样：每天由家长接送上下学，放学后又要参加各种培训班，玩耍地方不能太远，电视和电玩是最好的伙伴，玩耍时家长更常参与进来。

如果你愿花时间陪你的孩子，你不仅可以与他们一起玩耍，还会教孩子许多东西，拉近与孩子之间的距离。但要想长时间陪孩子，你的休息时间就会减少，还会增加孩子对你的依赖性。此外，还会让孩子的自由受到控制，无形之中给他们带来压力。

本节主要讲的是玩游戏——既要与孩子一起分享快乐，也要帮助他们学会自由玩耍。玩耍对于童年的孩子来说尤其重要，因为这为孩子提供了一个学习、成长的良好机会。如果孩子们在玩耍过程中收获了快乐，并且能和家长共享欢乐，他们的态度与行为都会得到改善。

处处都是有趣的游戏

小孩子不懂得玩耍与学习之间的区别，或者确切地说是还不清楚生活的真正意义。孩子对周围的每样事物都充满好奇与兴奋，喜欢不断去尝试和体验。我们大人们认为很无聊的事情，在他们眼中却是充满了别样的乐趣：他们可以长达五分钟观看蝴蝶，可以在池塘里乐此不疲地泼水或在公园玩飞盘。你可以看着孩子玩，让他们自己去探索某种现象，对孩子有问必答。这些事情虽然占用了你更多的时间，但它却是在培养孩子的独立思考能力与动手能力。

游戏不同，孩子的收获也不同。不用刻意准备，随时随地都可以跟孩子一起玩！

☺ **玩转家务：提高孩子的动手能力。**

你也许对洗衣、做饭已经渐渐失去了兴趣，甚至感到厌烦，但孩子却很好奇。这时，你可以让孩子把餐具放进洗碗机里，然后按"开始"按钮；你也可以让他们帮你分拣衣物或只是在你做家务时陪你说说话。只要你积极主动与他们相处，他们就会很开心！

各个年龄段的孩子都可以进厨房帮忙，从搅拌、倒水、择菜，到打鸡蛋、包饺子，甚至为全家做晚餐。较小的孩子可以摸摸面粉、大米、大豆或者豆腐，你也可以让他们帮你做一些简单的家务。

让孩子参与到你的劳动中来，你要给他们分配实际一点的任务，而不是仅仅让他们玩一下。孩子比较小的时候，做事会比较慢，所以你要多花点心思想一些孩子可以做、又不太难的事情，这样，他们才不会耽误你的时间。

在帮你做家务的过程中，孩子除了可以更开心之外，还可以提升动作的灵活性，增进食欲。

☺ **棋牌游戏：提高孩子的思维能力和谋略水平。**

与孩子下棋或者打牌，不仅可以让你的家庭拥有更多快乐，也对提升孩子的思维能力与社交技巧大有裨益。较小的孩子可以提高在计数、加法、分类、估算、背诵等方面的思维能力；较大的孩子将在全局谋略和风险评估等方面有所提升。玩游戏的过程也是学习的过程，所以完全没有必要缩短他们的玩耍时间。玩耍也能提升孩子的社会能力，比如文明排队、耐心待人、永不气馁等。当然前提是，孩子必须遵守游戏规则。

随着孩子对一个游戏的熟悉度增加，他们的自信心也相应增强。游戏与功课一样重要，所以尽量多陪孩子玩耍，即使花点时间和精力也没关系。

☺ **体育运动：提高孩子的身体协调性。**

如果你喜欢锻炼身体，那么你很可能也会督促孩子多运动。但如果你很少运动，那你一定要明白，孩子身体的健康是他自信的基本来源，因为强壮、健康、协调性好的孩子比其他孩子更有优越感，他们被欺负的可能性也会小很多。

在很多学校，足球踢得好的孩子不至于在漫长的午休时间里无事可做。而且，这也对提升孩子，尤其是男孩子的社交水平有所帮助，因为他们可以在踢球的过程中结交新朋友。喜欢体操的孩子通常都喜欢在他人面前炫耀自己翻跟斗、倒立的能力。游泳课在一些学校是必修课——擅长游泳的孩子通常都会在游泳课上得高分。不管你与孩子进行了什么运动，最显而易见的益处就是你的孩子可以培养一些生存技巧——尽自己所能，提高自己的身体素质，服从上级决定，培养团队意识。

我要让着孩子吗？

我们都会陷入进退两难的困境——从与孩子一起玩滑梯到与他们下跳棋、玩纸牌、打乒乓球，我们都在问自己：我必须掩盖自己的真实实力，故意输掉比赛吗？孩子可能不希望自己失败，如果总是失败，他们可能就不想再与你一起玩这个游戏了。你当然不希望这种事情发生。你希望孩子不断增强自信，所以你可能会在游戏中输多赢少。但孩子迟早会意识到你是在让着他，从而对你不信任，自信心反而会减弱。无论如何，对孩子不诚实总是不太好。那该怎么办呢？

首先我们要知道，**敷衍了事的家长远远不能给孩子充分的安全感**——家长是孩子的全部依赖，如果连孩子的人身安全和各种愿望都不能保证与满足，那孩子的心灵一定会受创伤！

所以，全心全意陪孩子玩耍是最好的办法，同时也要给他们一个公平的取胜机会。为了达到这个目的，你可以事先为自己定一个规则。比方说，下跳棋时，你可以事先规定自己的棋子数少于对方，或者规定你需要在对方思考时不断移动自己的棋子；打乒乓球时，与孩子商定你的目标得分是21分，而孩子的是10分。不要忘了，一定要向孩子解释这样做的原因：你年纪比他大，经验更丰富，所以你得更加努力才可以。随着孩子年龄的增长，你可以逐渐减少这些让步，同时赞扬孩子的每一点进步。协调好孩子在这过程中的得失，会让孩子亲眼见证他自己的进步与成功。如果你希望让孩子在玩滑梯时赢你——即使仅仅依靠运气也没关系，那么你可以让他们从滑梯中间开始滑，这样整个比赛时间就缩短了，何乐而不为呢？

如果孩子仍然不服输呢？

小孩子不服输很正常，但有些孩子，甚至是青少年，仍然不会正确面对失败！如果你担心孩子输了会不高兴，那你最好提前做好心理准备，比如在游戏前先问下孩子要是他赢了或者输了会有什么感觉，会不会哭，或者会如何处理。在比赛进行过程中，停下来一会儿，再问一遍这个问题。这样有助于锻炼孩子的思考能力，做好事前准备。渐渐地，孩子就会越来越不惧怕失败，而且也会独立处理困难。记得要表扬孩子的进步，哪怕只有一丁点儿，哪怕孩子的行为仍不够理想，你也要用具体的语言对他进行表扬："你并没有害怕失败，我真为你感到骄傲。"

当然，你如果能够坦然面对你的失败，那么这将对孩子起到很好的表率作用。你可以说："这次比赛中我有得有失，虽然我也很想赢，但输了也没什么大不了的。"孩子输了时，你还可以向孩子讲述你的一些亲身经历。你的孩子或许依然并不怎么高兴，但至少不会耍脾气闹来闹去。

给自己、给孩子一些自由时间

很多人都感觉时间不够用：不工作时，不是为家务事忙得团团转，就是陪孩子、哄孩子，很少静下心来认真做一些自己喜欢的事。家长需要时间来看看报纸、拉拉家常，而孩子也需要自由时间。通常，孩子的大量时间都在托儿所或幼儿园里度过。他们与小伙伴们叽叽喳喳地玩了一天，回到家之后，如果家长能让孩子自由支配时间，即使什么都不让他做，也是很有好处的。

适当的想象有助于孩子的脑部发育——这可以刺激孩子自己去

自创一些新的娱乐活动。你并不需要每分每秒都陪在孩子身边，也不用总约孩子的朋友过来玩耍，更无需让孩子去参加这样那样的课外活动。有时，你只需要保证孩子的人身安全就行，你大可以让他们自己去选择或创造活动。孩子并不需要被家长一直陪着，不过，**让孩子自由玩耍与自由阅读的前提是，你不能离孩子太远，同时又可以做些其他事情。**有时孩子只用知道你在旁边就够了，因为这样他们就可以随时向你展示他的最新发明或成果。

为了有意识地培养孩子的创新能力，你可以在孩子玩耍前为他提供一些廉价、安全的材料和工具，比如纸张、铅笔、颜料、胶水、杂志插图、剪刀（确保孩子知道如何使用）、旧衣服、围巾、戏帽、旧壶、旧锅、木制或塑料汤匙、塑料杯和塑料碗，等等，也可以是旧床单、卷纸的卷筒、锡纸、食品包装盒、梨核、杏核、大一点的扣子、贝壳、毛线团或者橡皮筋等。你可以根据实际情况而定，没有标准答案。

此外，你也要注意时不时地为孩子更换这些材料或玩具，这样他才不会玩腻。图书馆可以给孩子带来更多好处，只要孩子可以独自外出，图书馆也是一个很好的去处。

教孩子学会自由玩耍

孩子有时想一个人玩，不想要别人在旁边，也不想要有电玩或者电视。他可以一连几小时都捣鼓着用鞋盒盖一座房子，或者与布娃娃过家家，或者为花盆里的蜗牛盖栋别墅，或者只是看书。如果你家里有好几个孩子，那么他们可能会彼此嬉戏打闹好几个钟头。是这种情况的话，那么恭喜你，你可以跳过本节剩余内容。

但是如果你的孩子非要有游戏机才愿意一个人玩，或者当你想休息时缠着你不让你休息，那么你就要对孩子进行一些引导，让他学会自己玩耍了。与任何新事物一样，这些引导也最好循序渐进：

- 明确告诉孩子你需要看会儿报纸，他玩的时候必须安静；或者在你陪孩子玩耍之前，告诉他你需要做一些细活儿，比如削土豆皮。在孩子学会自己玩耍之后，逐步延长他的玩耍时间。

- 只要孩子不干扰你，你就可以让他在你旁边想待多久就待多久。

- 让孩子做与你类似的活动。如果你在看报，你就拿张旧报纸给他画画剪剪；如果你在打扫厨房，你就给他一个较干的拖把，让他和你一起"做清洁"。

- 建议孩子玩一些锻炼注意力或想象力的活动，也可以是一个较有难度的活动（比如猜谜），同时答应孩子你会在他独自玩耍之后观看他的成果。

- 让孩子到另一个房间自己玩，从最开始的两秒开始，以后逐渐延长时间。

- 你要做到信守承诺，让孩子相信你。你可以与孩子一起设定一个厨房时间，这有助于让孩子培养时间意识，渐渐地，你就不用计时了，而是可以忙你自己的事了。此外，你还可以规定一个时间，好让孩子到时去找你。

- 孩子只要取得一点进步，你就要用描述性语言表扬他，例如，孩子可以独自玩更长时间，或者可以在公园里多玩几分钟。

如果孩子独立制作些东西，你应该表现出很感兴趣的样子，并进行描述性赞扬。为了表扬孩子的成长及独立，请你再给他一个拥抱。在孩子玩耍时，你可以去休息或做家务，等你忙完后，再回来看看孩子，你可以给孩子一个拥抱，然后说："谢谢你给我五分钟的休息时间，我心里惦记着这封邮件，现在我把它发出去了，不用再惦记着这事儿了，我可以好好陪你了。我很想看你做的东西，你愿意给我看吗？"

让孩子与每个大人单独相处

不是所有活动都需要家长的参与。有时，孩子总是缠着你，即使你只是出去买菜，孩子也要和你在一起。他霸占着你所有的关怀与爱，这样才不担心其他人抢夺他的位置。这一点已经在上一节讲述过。

即使你家只有一个孩子，也可以让他与每位大人单独相处，这对全家人都有好处。因为这可以让一个家长与孩子自由玩耍，让另一个家长自由安排活动。这也可以让你们做自己想跟孩子做的事。例如，你可能喜欢与孩子一起看书，而你的伴侣则喜欢与孩子踢足球。这样，你和伴侣都能做自己喜欢的事情，生活会更加美好。

外出游玩时，怎样教孩子不闹人？

几乎每位家长都喜欢陪孩子出去游玩，但如果我们的精心计划换来的却是孩子的抱怨、吵闹或不配合时，我们还是会感到恼火，甚至觉得自己不称职，结果可能会对外出游玩产生抵触情绪。

其实这种情况完全可以避免，秘诀就是：让孩子参与计划的制订和准备。如果你打算野炊，你可以让孩子来打下手——如果孩子帮你做菜，到时他就吃得更香。你可以为孩子提供几个备选方案，比如要去哪里玩，要怎么去，等等，孩子觉得自己拥有决定权，从而也就更想去，并且更配合整个活动的进行。

如果你们要去一个去过的地方，那么你可以问孩子一些这样的问题：会发生什么事情，他需要怎么做。如果你们去的是一个新地方，那你可以给孩子事先介绍一下这次活动的内容以及这个地方的概况，同时向他解释你也有一些东西不确定，并告诉孩子你们到时需要随机应变，但相信一切都会顺利。游玩本身充满着不确定因素，你和孩子的处理也完全是一次大冒险！不过请记住，只要孩子表现好，不论多么小的事情，都要表扬他！

一家子出去时，并不需要多么复杂的准备，一些小小的变化就能带来无比的欢乐，比如去离家远一点的公园玩，与孩子一起骑单车，或者在池塘边喂鸭子等，在孩子看来，这些都很好玩。而且，这也会让你轻松掌控局面。

我们很容易以成人的标准来评判孩子，有时觉得孩子总是慢半拍，比如孩子总是要到最后一刻才去上厕所，关键时刻非要去找某个玩具，或者刚出家门就说肚子饿。外出游玩不是军事演习，而是一种快乐、放松的活动。如果计划被稍微打乱了，也不要太在意，毕竟，最重要的是你们要玩得开心。

让孩子知道：你的时间很宝贵！

与孩子一起玩耍或者一起外出时，一定要让孩子知道你的时间很宝贵，同时也告诉孩子你喜欢与他们在一起。有时，孩子会觉得家长陪自己是理所应当的，根本没有意识到家长在为他做出了很大的付出。当你强调你时间的宝贵，并向他说明自己为了陪他而牺牲了自己的时间之后，孩子会意识到自己应该珍惜这段时间，不应该胡闹。同样的付出，但却给出了不同的解释，会对孩子产生更大、更积极的影响。

🐼 宝贵的购物时间

周六早晨，我通常都要去商店买东西，但在过去，我儿子一直不太喜欢陪我去。后来，我告诉他这是我们可以在一起的宝贵时间，而且可以一起聊聊他喜欢的任何东西，他才完全改变了自己的态度。现在他都迫不及待想跟我一起出去。

约翰（儿子艾利克斯8岁）

如果你是个大忙人，很难兑现陪孩子的承诺，那么请你最好不要提前给孩子这种承诺，这样你就可以给孩子一个惊喜。当你最后才知道你有时间陪孩子时，你就可以在征得伴侣同意后，为孩子准备一份特殊的礼物了——一场枕头大战或一则有趣的睡前故事，等等，要记得玩耍之前先定好规矩！这样，你的陪伴就可以产生更大的效力。如果你家有好几个孩子，你可以一有空就用这个办法。久而久之，孩子们不仅会更配合你的安排，也会更享受这份时光，甚至还会一直将这些记忆留到成年。

孩子爱看电视、爱玩电脑，就多转移他的注意力

电视、电脑已经成了大多数人生活的一部分，但还是有不少人不太会用这些东西。电视和电脑向孩子展示了各种各样的新鲜玩意儿——电视上有丰富多彩的节目，教育类的、娱乐类的；电脑可以用来玩游戏，来训练孩子的脑力和身体协调能力；电脑也可以联网，用来与朋友或陌生人聊天、玩游戏，还可以用来查找科研资料、了解最新研究成果等。毫无疑问，掌握最新技术是非常必要的，而且当孩子能轻松掌握这些技术时，做父母的也很高兴。只要知道你的孩子安然无恙，并且没制造多大麻烦，你不妨给出一些时间让他玩电子产品，这也能为你腾出一些空闲时间。

然而，越来越多的科学数据显示，经常坐在电视或电脑等屏幕前的人，患肥胖症的几率也比较大。此外，这对孩子的脊椎、注意力、学习能力和社交技巧也会造成不良影响。至于电视内容，年龄小的孩子有时并不会区分节目和广告，也不知道电视剧里的台词有哪些笑点，更何况，还有很多电视节目并不适合儿童观看，所以，一定要挑选健康、合适的电视节目给孩子看。

互联网也有类似问题，一些不良网站上会有暴力或色情图片，这也会对孩子的身心造成不利影响。

另外，电子产品通常会淡化家庭关系，因为每个人都可能会独自待在房间，沉浸在他自己的虚拟世界里，不与任何人面对面地沟通。很多大人和小孩喜欢边看电视边吃饭，或者只是把电视开着，并不怎么看。这都会影响家庭关系。

孩子的童年不应该被过多的电子产品充斥着，你可以用书籍或者户外活动来开发孩子的想象力和创造力。当孩子在看电视时，他

就是在消费别人的想象力和创造力，是被娱乐的对象。看电视会减少孩子与外界交流的机会，比如沟通、分享、排队，等等，同时也会减少他们的运动时间，这不仅有害健康，还会影响智力发育。如果你的孩子缺了玩具就无事可做，那你就要多多留心了。你可以在以下几方面加以注意。

☺ 不要被电子产品奴役！

你应该主动控制娱乐设施，而不是被其控制！专家认为：**两岁以下的孩子不应该对着任何屏幕（包括电视），否则会影响孩子的大脑发育**。随着孩子年龄的增长，可以稍微放松限制，但多数人认为孩子每天看电视的时间不能超过90分钟，越少越好。

对于孩子浏览的网站，你也应该多加用心——你应该筛选出一些健康有益的网站给孩子浏览，并且要在电脑里装上屏蔽不良网站的软件。

还要制定一个专门的家规，来减少孩子坐在屏幕前的时间。你可以规定：孩子只有在完成某件事情之后（比如帮忙做家务、完成作业、练钢琴等）才可以看电视或玩电脑。如果你一有时间就带孩子去公园散步或参加其他有益的活动，那么一个星期中看电视和玩电脑的时间就相应减少了。

当然，完全规避电子产品也有点不太可能，因为这反而会让孩子老想着钻空子。在如今的条件下，你可以让孩子观看健康、适宜的电视节目、电影，玩健康的电脑游戏。这样，在同龄人谈论某个电视节目时，你的孩子才不会觉得落伍。

电视并不是个坏东西，它也可以增进家人的感情——你可以安排全家人坐在一起看电视，并与孩子讨论某个电视节目，让孩子学着以批判的态度对待事物，比如儿童广告等。如果只有孩子看了某个电视节目，你可以鼓励他与你谈谈这个节目。

同样的方法也适用于上网或者玩游戏。通常，你都能从孩子那里学到一些计算机操作技巧！多数孩子见到那些与自己有共同兴趣的人时，都迫不及待地想与对方分享自己的经历。如果你对孩子的事情感到好奇，那么很多孩子都乐意告诉你他们在网上看到的新闻之类的。这种办法还可以替你检测自己的监控方法是否有效哦！孩子逐渐长大后，如果听说一个朋友在交友网站上泄露了个人信息，你可以以此为契机与孩子进行讨论，注意尽量不要发生冲突。

☺ **把这些电子产品放在公共区域。**

很多孩子从小就在自己房间里有电视或电脑。家长的出发点显而易见——为孩子提供一个专属工具，同时也不会为了抢遥控器或者电脑而发生争执，更重要的是，一个免费的电子保姆可以让你多出许多自由时间，让你做自己想做的事。

但是，把电子产品（尤其是电视或电脑）放在孩子的房间，会让孩子随心所欲地观看电视节目或浏览网站、聊天交友，从而让你失去监控权。孩子轻轻一摁，就可以打开电视或电脑，完全不用得到你的许可。孩子很可能会把最新的游戏碟片藏在被窝里，然后半夜爬起来玩。慢慢地，你的孩子就会把自己的房门关得严严实实，你也就不知道他在里面做什么了。

为了防止这种事情发生，你可以在家专门腾出一片地方来放电视、电脑等电子产品，比如客厅等，这样家长就可以知道孩子在看什么节目、浏览哪些网站了，从而防止孩子受到不良影响，也能让孩子知道家长在关心着自己。那些在网上以弱小孩子作为目标的人，一般都会首先问一个问题："你的电脑放在哪里？家长能看到你吗？"

如果几个孩子共用一台电脑，你可以为每个孩子限定上网时间。电视也一样——通常孩子喜欢几个人一起看电视。

☺ **给孩子一个无辐射的房间：不放电子产品！**

如果孩子房间里已经有电子产品，你可以与家中其他成员一起讨论一下应该如何处置。

一些家长会把电子产品搬到家中的公共区域，并制定相关使用规则。有些家长则会把家中的电子产品完全搬出去，等他们认为孩子可以乖乖听话的时候，再把这些产品搬回来。如果你的孩子明知你不允许，还硬是当着你的面打开电子产品，你就要把这些东西暂时搬出去，这可以让孩子意识到：家长的话不是开玩笑。对这种做法，家长通常会有很多顾虑，但过段时间就觉得其实这样做可以减少很多麻烦。如果你决定采取这种方法，那你一定不要给孩子一种惩罚的感觉，而应该让孩子明白这是健康、积极的生活方式。在整个过程中，你要对孩子做出引导——比如与孩子一起玩耍，一起开发一些新活动来培养"非电子爱好"。一开始孩子也许会哭闹、抱怨，但他们会渐渐习惯这种没有电子产品的生活。

鼓励孩子多参加课外活动

经常参加一些有组织的课外活动，对多数孩子来说不仅可以增长课外见识，也有利于开发孩子的多种潜能。孩子在玩耍的过程中，也可以结交很多新朋友。而且，即使有些孩子很受欢迎，他们也不免会遇到一些社交难题。针对这一问题，你可以让你的孩子多与来自外地的孩子一起玩玩，这会有利于孩子跨过这道坎。几乎每个孩子都能找到适合自己的课外活动，根据实际情形可以分为以下几种：

- 一些孩子可能学习不好，但通常这些孩子都会在其他方面比较擅长，如体育、绘画、唱歌等。不管擅长哪一方面，都会极大增强孩子的自信，他们也可以交到一些并不在意学习成绩的新朋友。
- 一些孩子也许整天都被大量作业压着，对于这些孩子，可以将他们的一部分脑力分到其他方面，如象棋、音乐、外语等。
- 有些孩子可能内向或不怎么合群，家长可以有意识地让他们认识一些新朋友，也可以参加一些文艺演出，如话剧之类。
- 有些孩子协调能力比较差或身体素质不怎么好，家长可以让他们做一些个人活动，比如手工等。由于这些孩子通常容易被人欺负，手工制作可以提升孩子对自我身体素质的信心，从而更好地融入集体活动。不过，家长需要事先确保孩子的能力与班里其他同学的水平相当。

当然，课外活动也不是越多越好。你应该尽量让孩子自由玩耍，这样不仅可以减轻你的负担，也可以让孩子学到更多的东西。另外，**一定不要强加给孩子一些活动，尤其是他们不喜欢的活动。**

与伙伴一起玩，满足归属感

每个孩子都有强烈的家庭归属感和友情归属感。其中，后者对孩子的成长有着更深远的影响。有些孩子社交能力很强，有些则喜欢单独行事。尤其是一些女孩子，她们喜欢建立一种忠诚度高的友谊——可以互相倾诉小秘密——但有时这些关系会破裂。也有些孩子喜欢与自己互补的人，他们不喜欢和与自己有相似兴趣的人交往，作为家长，你要清楚：友谊没有好坏之分。只要你的孩子有好朋友，哪怕只有一个，也就没什么好担心的了。

如果孩子几个星期之后还没有任何朋友，那你得了解一下情况。反映式倾听可以帮你了解孩子的想法。要客观看待孩子，看孩子的行为中是否存在阻碍他们交友的因素。如果孩子需要改善社交技巧，那你就要用本节的方法帮助孩子。

现在大多数孩子自己都不爱户外活动，所以我们需要通过邀请其他小朋友来家玩的办法来帮助孩子交友。如果你的孩子在学校存在社交困难，这一点就更重要。邀请一个孩子的同学过来家里可以帮助他们建立友谊，这个同学以后在学校或许会对你的孩子很友好。拥有一个校外的朋友可以巩固孩子的交友自信心，让他明白也受到其他小孩的欢迎。

如果孩子平时与朋友合得来，而且很少出现问题，你就省心多了。但要是孩子觉得小伙伴的来访让他不开心，你就要与孩子讨论这个问题，然后在下次小伙伴来访之前提出解决办法。以下是一些最常见的问题：

问题1：孩子不会与别人分享，怎么办?

我们通常都希望孩子能与他的朋友分享自己的玩具和东西，同时邀请朋友去房间做客。但我们自己的朋友也共享我们的衣柜、书本和音乐吗？他们可以在我们的床上跳吗？不太可能。所以，**没必要要求孩子事事与他人分享**。你可以问问孩子有哪些东西希望保密，教他把这些东西在朋友来家之前放好。这可以促使孩子更加心甘情愿、大方地与别人分享自己其他的东西。

问题2：孩子跟别人吵架或者打架，该怎么办？

我们与孩子都没必要吵架。一些打架是无法避免的——这是孩子如何学会表现自信、与朋友分享东西、学会协商和妥协的过程。尽可能让孩子远离吵架，即使打架了，也让他们自己独立解决问题。如果事情进展得很不顺利，你可以把孩子们分开直到他们冷静下来再去帮他们解决问题。脾气不好的小孩来访也不一定就是麻烦。这是每个人学习历程的一部分，孩子通常很快就原谅朋友并忘记整件事。

问题3：要给孩子留面子吗？

你的孩子或者他们的朋友，可能会提出一些违反家规的要求（例如吃糖果或者看电视），所以，你最好提前与孩子说一下特许与禁止的内容。当孩子的朋友在旁边时，你也不用做出特殊让步。你可以询问孩子是否愿意与朋友解释一下你们的家规，由你来解释也可以。通常小朋友们很容易就接受这些规则——带头的孩子才是关键所在。

问题4：其他孩子该怎样待客呢？

你可以与孩子达成一个家庭规则——孩子的朋友来家玩时，短时间内可以让兄弟姐妹参与，过后，兄弟姐妹便可以离开客人，让孩子自己接待。这点一定要与孩子提前达成一致。

别过度保护孩子！

危险和冒险是孩子生活中不可避免的一部分，抚养孩子没有绝对安全的方法，再称职的父母也不能保证自己的孩子不发生任何事故。多想想你能不能让你的孩子去冒险，其实，适当冒险是孩子自身的需求，并不是你不负责任或疏忽的表现。事实上，让孩子去冒险比阻止他们去冒险更难。

当然，如果你觉得自己的孩子特别鲁莽，你可以阻止他们，教他们学会谨慎、负责。但对大多数孩子来说，我们能做的就是让他们在户外玩耍，我们在远处看着，相信他们可以保证自己的安全。当孩子做好准备时，我们可以训练他们自己过马路，给他们一些合理的安全建议，让他们逐渐去发现这个大世界。

🐼 让孩子自由攀爬

孩童时，我的妈妈非常担心我和我的妹妹做任何危及身体的事情。例如，爸妈不让我们骑单车或者爬树，这让我觉得其他孩子比我自由，我不想受到太多的限制。所以我决定，等有了孩子时，我要让孩子自己冒险。

我的大儿子，本，对自己的身体极其自信。从小他就发现自己可以毫不费力地爬上爬杆，而且这是他的爱好。他七岁的时候，可以在校园里的爬杆上爬到很高的位置。我想说："小心点！别掉下来！"但我没有说出口而是看着孩子。有时候我担心得不得了，但我还是让他去爬。我知道别人以为我太放任孩子了，也不止一次有人告诉我应该看紧孩子。我相信他自己知道冒险的尺度，事实证明我是对的：他从来不愚蠢地去冒险。现在他长大了，体魄极其健壮。他的足球功夫也很厉害，踢得很有技术而不是单纯靠发达的肌肉（他很瘦削）。这些其实也是生存的必备技巧。从小允许孩子做一些冒险的事情事实上是帮助他们培养自我保护的技巧。

莉亚（两个儿子的母亲）

9 饮食：恰当的饮食、睡眠，孩子心情愉快、身体棒

改善孩子的言行时，最重要的一步是确保孩子吃得健康、多做运动、进行足够的户外活动，并保证充足的睡眠。这些都是最基本的需求。只有这些基本需求得到了满足，孩子的心情才会更愉悦，对家长的安排也更配合。

饮食要健康

孩子的言行表现与他们吃的东西有很强的联系。精力过剩的孩子只要伙食得到改善通常都会冷静下来。大部分家长不知道孩子怎么一下子变乖了，其实只是因为孩子吃了合适的东西。下面是一些保持营养良好的原则：

- **减少白糖和糖精的摄入量。**这两者会在血液中生成葡萄糖，像毒品一样可以控制一部分大脑。在消耗这些食物的短时间内，一些孩子会变得不安或者极度活跃，然后注意力不集中，到处找麻烦。所以，你要尽可能减少这类食物，多让孩子吃天然食品，例如水果、蔬菜、全麦面包、米饭等。

- **尽可能避免食用色素和添加剂。**它们是没有任何营养价值的化学品，研究已表明，有的孩子对这两种物质会有不良反应，例如变得极度活跃。所以，孩子最好还是吃些未加工就能食用的东西或者家里自制的食物，如果不方便的话，也可以吃一些较为健康的熟食。

- **看看你的孩子减少盐量后的状况**——对居住在英国的大部分人来

说，每天摄取5%的盐对身体有益。除了那些加盐的薯条和咸果仁，很多面包、饼干、芝士和快餐中都含有大量的盐（也叫钠）。

- **确保你的孩子从鱼、鸡蛋、果仁和豆类中摄取足够的蛋白质。**特别要注意的是，孩子需要Omega3型脂肪酸。如果你不确定孩子的营养是不是充足，你可以购入这些营养品。

- **购买加工过的食品时应尽量避开反式脂肪酸**（氢化或部分氢化脂肪）。研究表明，这些物质会对人体产生不良的作用。如果你不知道食品中是否含有此类物质，请阅读商品包装上的配料成分。

- **少喝可乐、巧克力、能量饮料、茶水和咖啡。**这些饮料中的咖啡因对孩子的行为有刺激作用，而且会抑制他们的食欲。

- **关注体质敏感的孩子。**有些孩子对一些食物过敏或者敏感，或者身体缺乏某种维生素或矿物质。如果你觉得是这样的情况，请咨询医生或营养师。

多样化饮食最好包括大量的新鲜水果、蔬菜以及家庭自制食物。可惜紧张的生活节奏和快餐食物使我们难以达成目标。

当然，孩子喜欢垃圾食品，难道我们自己不是么？那怎么办呢？秘诀是：不要一下子完全禁止这些问题食物，而是逐渐减少。没有什么比禁止食用的东西更吸引人的了。我们可以偶尔购入或者提供少量这类食物——请勿在家里大量存放。如果孩子知道自己想要的食物藏在某个柜子里，他们很难抵制住诱惑。

另一个不幸的事实是：如果你希望孩子的饮食习惯更健康，那么整个家庭的饮食习惯可能都需要改变。**如果你自己的饮食习惯也不健康，那你就要先从改变自己做起！**

锻炼、新鲜空气和阳光

小孩与宠物有点类似——他需要每天锻炼。只要他缺乏锻炼，就会有反应：有的变得暴躁、不安——到处跑，在床上、沙发上跳来跳去，把东西推翻或者没有耐心；有的孩子则变得萎靡不振、厌倦和冷漠——可能一有机会就打开电脑或者电视机，消极地坐在屏幕前好几个小时。

以前的小孩子通常都是走路上学，在户外自由活动。每天他们在做任何脑力活动之前都有机会锻炼身体。他们吸收更多的阳光，这对身心都有很大的好处，大多数孩子玩的游戏都是运动类的。虽然我们的文化现在改变了许多，但我们的身体构造却没有改变。

锻炼帮助人们发展肌肉，培养身体的协调性。经常运动的孩子更加健康、强壮与自信。缺乏锻炼会增加患上肥胖症与生病的风险。

让孩子活动的最好办法是将一些锻炼纳入日常的行为中。可以的话请走路送孩子去学校；如果学校太远，你们可以提前几站下车或者把私家车停在远处然后步行到学校。这与学习一样重要。

孩子从模仿家长的行为中认识到什么是重要的，因此，你可以找一些你们可以一起做的活动。孩子很喜欢与家长骑单车或者远足，或者只是在公园里追着一个球跑。而且，锻炼对家长的身心健康也有好处。

保证睡眠质量

你的孩子早上按时起床吗？如果不是，他们可能缺乏足够的睡眠。睡眠对孩子的身心健康至关重要，疲惫的孩子会是一副可怜兮兮的样子，注意力不集中，而且令家长摸不着脾气。孩子每晚需要的睡眠时间都不一样，但如果早晨你需要把孩子从被窝里拽出来的话，那肯定是因为他还没睡够。

当然，当你对孩子说"现在已经很晚了，你看起来很累，是时候睡觉了"，那"谢谢妈妈的提醒，我立刻就去睡觉"这样理想的回答很少出现。孩子通常都不喜欢承认自己已经累了。有时他们甚至不知道自己很累——他们会觉得不舒服但不知道为什么。有的时候，孩子意识到他们需要睡觉，却不想离开父母，一躺在床上便想跟父母玩。如果你工作时间长，孩子觉得自己与你相处的时间不够，这更能让人理解。所以，让孩子自己睡在一个暗暗的房间，这对他来说没有任何吸引力。

在很多国家，全家人都是睡在一起的，或者家长与孩子们分开睡，几个孩子共用一个房间。与其他人一起睡觉会给小孩子一种归属感。如果孩子不喜欢一个人睡觉，要是有一个兄弟姐妹或者有一只宠物跟他一起，他的逆反情绪会减轻许多。有些家长不介意小孩子与他们一起睡觉，有些家长则不喜欢亲子同睡，至于最佳的做法是什么，专家也存在不同意见。我认为，这可以根据家庭情况以及孩子的年龄、性格来决定，但孩子到6岁左右，就应该学着独立睡觉，否则会影响他独立人格的养成。

如果你的孩子很难一个人睡觉，那你就要花时间来让他学着一个人睡。一个安静的睡眠安排包括洗澡、刷牙、睡前故事，可能还有描述性赞扬、一个拥抱和一个吻，它可以轻松地让孩子进入梦乡。你也可以看看孩子的床是否舒适，房间的环境是否具有吸引力。离开房间时，留着一丝门缝或者开个夜灯都能起到助眠作用。

致 谢

感谢我的每位家人，在我过去20年来不断摸索、尝试育儿技巧的时候，他们一直予以体谅；

感谢"更冷静、更简单、更快乐"育儿项目的创始人诺埃尔·贾尼斯-诺顿邀请我到"新学习中心"，她的聪明才智让我在编写此书的过程中得到很多启发；

感谢参加我的课程与讲座的家长们，谢谢你们坦诚说出自己对家庭的看法；

感谢我的朋友、家人、咨询者和同事对我的帮助，人数如此之多，原谅我不能在此一一列出；

感谢我的宝贝女儿夏尼·恰恰姆的神奇PS能力；

感谢我的朋友丹尼斯·温和李·菲利普对此份手稿提出的宝贵意见；

感谢出版社每个成员对我一如既往的支持；

当然还要感谢托马斯·伍德布里奇为这本书配的插画，它们栩栩如生、充满趣味，可以让你对书中的技巧一目了然。

扫一扫，关注"**小读客经典童书**"微信，

第一时间获取新书书讯，

更有精彩好书、各种福利疯狂送！

孩子读点什么好，问问读客小熊猫！

小读客经典童书，传播爱与价值，
致力于出版最优秀的儿童文学、绘本、家庭教育图书！